平中物語
헤이추 모노가타리

〈지식을만드는지식 고전선집〉은
인류의 유산으로 남을 만한 작품만을 선정합니다.
읽을 수 없는 고전이 없도록 세상의 모든 고전을 출판합니다.
오랜 시간 그 작품을 연구한 전문가가
정확한 번역, 전문적인 해설, 풍부한 작가 소개, 친절한 주석을
제공합니다.

平中物語
헤이추 모노가타리

작자 미상
민병훈 옮김

대한민국, 서울, 지식을만드는지식, 2025

편집자 일러두기

- 이 책은 일본 쇼가쿠칸(小学館)의 〈신편 일본 고전 문학 전집(新編日本古典文学全集)〉 제12권 《헤이추 모노가타리(平中物語)》를 원전으로 삼아 옮긴 것입니다. 부분적으로 이와나미서점(岩波書店)의 〈일본 고전 문학 대계(日本古典文学大系)〉와 아사히신문사(朝日新聞社)의 〈일본 고전 전서(日本古典全書)〉《헤이추 모노가타리》로 보완했습니다.
- 인명, 지명 등의 고유명사는 일본어 발음에 따랐으며, 관직명은 가능한 한 한국어의 한자 독음에 따라 표기했습니다. 단, 고유한 호칭 등에는 일본식 한자 독음이나 가나 훈독음을 사용한 부분이 있습니다.
- 일본의 전통시인 와카(和歌)는 5 7 5 7 7 음수를 지켜 번역했습니다. 원문의 '지아마리(字余り : 글자 남음)' 현상은 그대로 살려 옮겼습니다.
- 주석은 독자의 이해를 돕기 위해 옮긴이가 붙인 것입니다. 주석 중 따옴표로 표시한 부분은 와카를 음수와 관계없이 알기 쉽게 한국어로 풀어 쓴 것입니다.
- 각 단의 끝에 〈작품 해설〉을 달아 본문에 나타난 당시의 사회, 문화 풍습에 관해 소개하고 와카에 사용된 수사법 등을 설명했습니다.
- 외래어 표기는 현행 한글어문규정의 외래어표기법을 따랐습니다.

차 례

1단 사랑의 화(恋の禍) · · · · · · · · · 3
2단 노래 경연(歌合戦) · · · · · · · · 15
3단 조카(長歌)를 보내다(長歌をやる) · · · · 24
4단 단념(断念) · · · · · · · · · · · 30
5단 벗(友) · · · · · · · · · · · · · 33
6단 들판의 휘파람새(野の鶯) · · · · · · 36
7단 허무한 기도(むなしい参篭) · · · · · 38
8단 벚꽃 문답(桜問答) · · · · · · · · 44
9단 어떤 사랑의 전말(ある恋のてんまつ) · · · · · 46
10단 보지만 만나지 못한 사랑(見れど逢わぬ恋) · · · · 60
11단 맺지 못한 사랑(実らぬ恋) · · · · · · 63
12단 무책임한 말(なおざりごと) · · · · · · 66
13단 칠석(七夕) · · · · · · · · · · 70
14단 마타리(女郎花) · · · · · · · · · 74
15단 흔들리는 여심(揺れる女心) · · · · · 77
16단 연인인 여자들(恋人の女たち) · · · · · 81
17단 억새 풀숲에 숨긴 승려(花すすきの中の僧) · · · · 83

18단 미덥지 못한 편지 전달자(たよれぬ文使い) ・・・・88
19단 국화 도둑(菊盗人) ・・・・・・・・93
20단 국화의 번영(菊の栄え) ・・・・・・・96
21단 국화와 노인(菊と翁) ・・・・・・・98
22단 고삐 풀린 말로 인한 화(放れ馬の厄) ・・・・101
23단 호색가 남녀(好き者同士) ・・・・・106
24단 오미 지방 장관의 딸(近江守の女) ・・・・109
25단 노래의 길잡이(歌のしるべ)・・・・・・・112
26단 누구의 눈물이 더할까(涙くらべ) ・・・・126
27단 부모가 지키는 사람(親の守り人) ・・・・129
28단 이름을 도용당한 남자(名を借りられる) ・・・・134
29단 여러 만남(さまざまの出会い) ・・・・138
30단 단풍 문답(紅葉問答) ・・・・・・・150
31단 소일 삼아 부르는 노래(歌のすさび) ・・・・・153
32단 삼 년, 삼천 년 문답(三年, 三千年問答) ・・・・156
33단 여자의 원망(女の恨みごと) ・・・・・・161
34단 눈으로 지켜보면서도(目す見す見す) ・・・・・163
35단 해변의 노래(浜辺の歌) ・・・・・・・170
36단 졸참나무가 늘어선 문(楢の木ならぶ門) ・・・・174
37단 푸른 줄 여인(若菰の女) ・・・・・・187
38단 비구니가 된 사람(尼になる人) ・・・・・・190

39단 도미노고지에 사는 우대신의 모친(富小路の右大臣の御母のこと) · · · · · · · · · · · · · · · · 196

해설 · · · · · · · · · · · · · · · · · · · 201
옮긴이에 대해 · · · · · · · · · · · · · · 239

헤이추 모노가타리

1단 사랑의 화(恋の禍)

 지금으로 보면 이미 옛날 일이다. 두 남자가 한 여자에게 구애를 하고 있었다. 먼저 접근한 남자는 관직이 높아 천황(帝)[1]의 측근에서 시중을 들고 있었고, 나중 남자는 천황의 어머니인 황태후[2]의 혈통으로 관직은 처음 남자에 비해 낮았다. 그런데 무슨 생각을 한 것인지 여자는 나중 남자를 선택했다.

 이렇게 되자 그 처음 남자는 여자를 얻은 남자를 몹시 증오해 기회가 있을 때마다 온갖 고약한 행위로 천황이 무례하다고 생각하실 일을 날조하고 중상해서 고해바쳤다. 그러는 동안 나중 남자는 궁궐에 출사하는 일을 견디기 힘들다고 느낀 것인지 그저 유랑 등으로 소일할 뿐, 위부(衛府)[3]의 관리이면서도 근무도 제대로 하지 않게 되

---

[1] 우다 천황(宇多天皇). 887년부터 897년까지 재위.

[2] 우다 천황의 어머니 한시(班子). 우다 천황 즉위와 함께 황태부인(皇太夫人)에 올라 양위 시에 황태후가 된다. 900년 68세로 세상을 떠났다.

[3] 위부(衛府)는 궁정 수호를 담당하는 관청으로, 육위부(六衛府)를 가

었다. 그러자 천황이 관직을 박탈하게 하셨고, 그로 인해 남자는 세상일에 흥미를 잃게 되어 얄궂은 세상과는 마주하는 일 없이 오로지 불도 수행을 위해 산속에라도 들어가려고 마음먹었다. 하지만 잠시라도 멀리 떠나는 것을 허락하지 못하고 애지중지하는 부모가 있는 사람이라, 세상을 꺼려 출가하려는 마음도 부모 생각 때문에 방해를 받는 것이었다.

더구나 때가 가을 무렵이어서 남자는 몹시 슬픈 생각이 들어, 마음 하나 위로하기 어려운 저녁녘에 이렇게 읊었다.

> 고달픈 세상 빗장이 걸리지도 않았을 텐데
> 어찌하여 이내 몸 나갈 수 없는 건가
> 憂き世には 門鎖せりとも 見えなくに
> なぞもわが身の いでかてにする[4]

리킨다. 좌우 위문부(左右衛門府), 좌우 병위부(左右兵衛府), 좌우 근위부(左右近衛府)가 있다. 이 시기 헤이추(平中)가 어떤 관직에 있었는지는 불분명하다.

4) "이렇게 달갑지 않은 일이 많은 세상에는 특별히 문이 있어서 잠긴 것도 아닐 텐데 어째서 나는 이 세상 밖으로 나갈 수 없단 말인가? 왜 훌훌 털어 버리고 출가할 수 없는 것인가?"

망연히 생각에 잠겨 있는데, 전부터 약간의 흥미를 느껴 연문 같은 것을 보내던 여자가 아주 진하게 단풍이 든 담쟁이덩굴 잎에 편지를 곁들여
 "이것을 보고 어떻게 생각하십니까?"
하고 적어 보내와 남자는 이렇게 읊어 보냈다.

　소문만큼은 다쓰타강 물들인 단풍 같지만
　시름겨운 가을의 소맷자락이라오
　憂き名のみ たつたの川の もみぢ葉は
　もの思ふ秋の 袖にぞありける5)

　이런 노래에도 여자는 답신을 보내오지 않았다.
　그런 곳으로 친구들이 모여들어 저마다 위로의 말을 건네자 남자는 술과 먹을거리를 대접했다. 그러고 있는 사이에 밤이 되어 잠시 느긋하게 악기 합주 등을 하며

---

5) "염증 나는 소문이 끝없이 이는 나. 그야말로 다쓰타강을 물들인 진한 단풍 같지만, 실제로는 시름에 젖어 피눈물로 물든 내 소맷자락입니다." 다쓰타강(龍田川)은 나라현(奈良県) 이코마군(生馬郡)을 흐르는 강으로 단풍의 명소다.

세상 근심이 잔잔해지는 것은 오늘 밤일까
　　포구에 이는 파도 하나같이 잊고서
　　身のうみの 思ひなぐ間は 今宵かな
　　うらに立つ浪 うち忘れつつ6)

이런 와카를 읊었다. 친구들은 이 노래에 감동해 악기를 연주하며 밤을 지새웠다.

　그리고 이튿날 달이 이루 말할 수 없이 아름다운 밤, 만감이 가슴에 밀려와 툇마루에 나와 하늘을 바라보고 있는 사이 밤이 깊어 갔다. 바람이 참으로 쓸쓸하게 불어와 견디기 힘들 정도로 서럽게 느껴져, 인간 세상의 무상함을 터득한 한 친구에게, 그도 잠자리에 들지 않고 달을 보고 있겠거니 생각하며

　　한숨지으며 하늘에 있는 달을 바라보는데
　　눈물이 은하처럼 끝없이 흐릅니다

---

6) "세상사로 인한 탄식이 마치 파도가 잔잔해진 바다처럼 누그러진 것이 바로 오늘 밤이구나. 포구에 이는 풍랑처럼 쉴 새 없는 시름을 모두 잊고서."

嘆きつつ 空なる月を ながむれば

なみだぞ天の 川とながるる[7]

하고 읊어 보냈다. 그랬더니 편지를 받은 사람도, 달을 보고 문득 자신을 떠올려 편지를 보낸 남자와 마찬가지로 달을 보기 위해 아직 자지 않고 있었는데, 때마침 심부름꾼이 남자가 읊은 와카[8]를 가지고 와 이를 매우 흥미롭게 느껴 답가를 보낸다.

하늘 은하수 그대가 흘리시는 눈물이라면

색깔과 더불어서 떨어져 내리겠죠

天の川 君がなみだの 水ならば

いろことにてや 落ちたぎるらむ[9]

---

7) "신세를 한탄하다가 넓은 하늘의 달을 바라보고 있자니 눈물이 마치 은하수처럼 흘러내립니다."

8) 와카(和歌)는 일본 고유의 정형시로, 형태상 단카(短歌), 조카(長歌), 세도카(旋頭歌) 등이 있는데, 헤이안 시대 이후에는 단카를 이르는 말로 사용되고 있다.

9) "저 은하수가 그대의 눈물이라면 그 색깔은 분명히 여느 때와 달리 피의 색깔을 하고 떨어지겠지요. 탄식의 깊이가 어느 정도인지 헤아릴 만합니다."

그렇게 시간을 보내고 있는데 또 다른 친구들이 찾아왔다. 남자의 처지에 대해 이런저런 이야기를 나누다가 그중 하나가 이렇게 말했다.

"'어제까지는 깊었던 아스카강(あすか川 昨日の淵ぞ)'이라는 노래는 자주 들어 보았고, 세상이 쉽게 변한다는 사실도 이미 잘 알고 있습니다만, '어제까지는 깊었던 기노세강(きのせ川 昨日の淵ぞ)'이라는 노래는 들어 본 적이 없습니다. 그와 마찬가지로 요전에 관직을 거두신 것은 도대체 무슨 죄 때문인지 이유를 알 수 없어서, 들어 보지도 못한 '기노세강'은 어떤 강인지 궁금해서 온 것입니다"[10]라 말하며 그 친구는 이렇게 읊었다.

---

10) 《고금와카집(古今和歌集)》 잡가 하(雜歌下) 933번에 수록된 지은이 미상의 와카 '이 세상 안에 무엇이 불변할까 어제까지는 깊었던 아스카강 오늘은 얕아졌네(世の中は なにか常なる あすか川 昨日の淵ぞ 今日は瀬になる)'를 말한다. 이 와카는 당시 이미 세간에 널리 알려져 있었는데, 이 노래의 '아스카강(あすか川)' 부분을 '기노세강(きのせ川)'으로 바꾸어, 내일을 가리키는 '아스(明日, あす)'에 어제를 가리키는 '기노(きの)'를 대응시켜 세상의 변화 이상으로 예상하기 힘든 헤이추의 신세를 부각하고 있다.

이 세상 안의 변화무쌍한 강이 지금까지도
기노세강인 줄을 모르고 지냈노라
世の中の 淵瀬の心 いままでに
きのせ川をぞ 知らず経にける[11]

답가,

기노세강은 나도 깊고 얕은 곳 알지 못한 채
건너려 해서 깊이 빠지고 말았지요
きのせ川 われも淵瀬を 知らねばぞ
わたるとやがて 底に沈める[12]

이러고 지내는 사이에 겨울이 되어, 일자리를 얻지 못

---

[11] "세상의 극심한 변화, 내일은 또 변할 것이라고 알고 있었지만, 그것은 아스카강이고 기노세강이 변할 줄은 정말 몰랐습니다. 까닭도 없이 이런 처지에 놓일 것이라고는 전혀 모르고 지냈습니다." 후치세노고코로(淵瀬の心)는 어제의 늪(깊은 곳)이 오늘은 여울(얕은 곳)이 되는 것같이 믿지 못할 마음을 가리킨다.

[12] "말씀대로 나도 아스카강이 아닌 기노세강은 어디에 깊은 곳이 있고 또 얕은 곳이 있는지도 모르고 건너다가 그대로 불운의 밑바닥으로 빠져 버렸다는 말씀입니다."

했으니 아무래도 할 일이 없을 뿐 아니라 세상의 냉혹함만 떠올라 허탈한 기분이 들지만, 불도 수행은 허락받지 못하니

"기분 전환을 위해 동쪽 지방으로 가려고 합니다"
하고 부모에게 말씀드리자

"내년 정월, 관직을 하사할 때 어떻게 될지 기다려 보자. 관직을 받지 못하면 동쪽이 아니라 중국에라도 가거라"
라고 말해 하는 수 없이 정월을 기다렸으나 임관식 날 아무런 직위도 받지 못했다. 기분이 울적해져서 그 괴로운 심정을 털어놓지 않고는 배길 수 없어 여자에게 편지를 썼다.

물 위 수초가 뿌리 내리지 못해 떠다니듯이
이내 몸은 눈물의 강을 떠돌겠지요
浮き草の 身は根を絶えて ながれなむ
涙の川の ゆきのまにまに[13]

---

[13] "부초같이 정착하지 못한 한심한 나는 분명히 흔적도 없이 그저 슬픔을 간직한 채 눈물의 강을 떠돌다 흘러가겠지요."

이 노래를 읽은 여자는

'아무리 그래도 지금 바로 집을 나서지는 않겠지'

생각해 다음과 같은 답가를 읊어 보냈다.

홀로 남겨져 탄식하기보다는 눈물의 강에
내가 먼저 들어가 떠내려가겠어요
おくれゐて 嘆かむよりは 涙川
われおり立たむ まづながるべく [14]

이런 일이 있고 나서 남자가 어디론가 떠나려고 결심한 것을 안 부모는 여러 차례 가까운 곳으로 불러
"세상의 허무함을 느껴 먼 곳으로 떠나려는 것은 부모를 원망하는 마음에서냐? 제발 이번 한 번만 정월의 임관식 날을 기다려 보자"
하고 한마음으로 이야기한다. 그 말에 고민이 되어 차일피일하고 있는데, 임관식 날 또다시 아무런 직위도 하사받지 못했다. 남자는 이 세상은 참으로 혐오스러운 곳이라고 우울해하며, 천황의 어머니를 시중드는 여관[15]이자 자

---

[14] "나중에 나 혼자 남아 슬퍼하기보다는 그 눈물의 강에 먼저 제가 들어가지요. 먼저 흘러 떠내려가 사라져 버리면 될 터이니."

신과 친분이 있는 사람에게 노래를 읊어 보냈다.

  어떻게 될지 기다리던 이 몸은 두견새처럼
  소리 높여서 울며 숨어 버리려 하오
  なりはてむ 身をまつ山 ほととぎす
  いまはかぎりと 鳴き隠れなむ16)

라고 읊은 것을 보고 여관들은 가엾게 여겨
  "이렇게 이야기하고 있습니다"
하고 태후(后)에게 말씀드렸다. 그러자 이 남자의 아버지는 후(后)의 조카였기 때문에 태후는
  "죄도 허물도 없는데 관직을 박탈한 채로 그냥 두니 지방에 머물거나 둔세(遁世)하려는 것이겠죠"
하고, 천황에게 재고를 간청하자 천황은
  "입궐도 하지 않고 제멋대로라고 하기에 혼을 내 주려

---

15) 궁중에서 시중을 드는 궁녀나 여관, 또는 높은 귀족의 시녀를 보통 '여방(女房, 뇨보)'이라고 칭했다.
16) "앞으로 어떤 처지가 될지 기다리고 있던 나는 이번 임관 결과를 보고 이제 여기까지라고 생각해 때마침 우는 두견새처럼 소리 높여 울며 몸을 숨겨 버릴 작정입니다."

고 관직을 빼앗은 것이다. 이제 충분히 반성했겠지" 말씀하시며 임관식이 끝난 후 다시 추가로 심사해 이전의 관직보다 높은 직을 하사하셨다.

작품 해설

　대부분의 《이세 모노가타리(伊勢物語)》 장단이 '옛날, 한 남자가 있었다(昔、男ありけり)'로 시작하는 것과 달리 《헤이추 모노가타리(平中物語)》는 대체로 '이 남자(この男)'로 시작한다. 《이세 모노가타리》의 '옛날, 한 남자(昔、男)'가 아리와라노 나리히라(在原業平)로 인식되고 있던 것처럼, 《헤이추 모노가타리》의 '이 남자(この男)'는 다이라노 사다훈(平貞文)으로 인식되고 있었다. 모노가타리 중에 '헤이추'로 등장하는 것은 '남자'를 '헤이추'로 인식하고 있던 필사자가 무심코 '남자(男)'라고 써야 할 곳을 '헤이추'로 잘못 썼을 가능성도 있다.

　《헤이추 모노가타리》의 '이 남자'는 10세기 당시의 남성 귀족의 나약함을 지니고 있다. 《이세 모노가타리》에 등장하는 9세기 남성에게 보이는 '고동치는 젊은 피'의 낭만 정신은 옅어지고, 자신과 자신의 처지를 냉소적으로 바라보는 이성과, 자기의 힘으로는 어찌할 수 없는 현실, 거기에 더해 체념하는 지성이 뿌리 깊게 자리하고 있다. 사람의 마음에 소박한 사랑을 기대할 수 없는 세상을 그린다. 무엇보다 모노가타리의 주인공인 '이 남자'는《이세 모노가타리》의 '옛날 남자'처럼 순수하게 사랑을 좇는 삶을 사는 우상이 아니다. 독자들은 때때로《헤이추 모노가타리》의 어느 한 페이지 혹은 한쪽 구석에서 초라한 자기 자신을 발견하거나, 때로는 등장인물의 심정에 이입해 상황을 따분하고 씁쓸하게 연상할지도 모른다.《헤이추 모노가타리》의 사랑은 어떤 때는 몹시 볼품없고 때에 따라서는 볼썽사납기까지 하다.

2단 노래 경연(歌合戦)

 또 이 남자에게는 편지를 써도 답장을 보내지 않는 상대가 있었다. 하지만 남자는 넌더리도 내지 않고 때때로 연서를 보냈다. 그 여자는 남자를 아주 싫다고 생각한 것은 아니지만, 답장을 보내지 않았기 때문에 남자는
 "지금 드리는 이 편지를 읽어만 주신다면 답장을 보내지 않아도 좋으니, 그저 '보았소'라고만 말씀해 주세요"
라고 써 보냈다. 그러자 여자는
 "보았소"
라고만 적어 보냈다. 그러자 남자는 다시 노래를 읊어 보냈다.

 여름 열기에 타는 듯한 이내 몸 너무 괴로워
 보았소 한마디에 소리 높여 웁니다
 夏の日に 燃ゆるわが身の わびしさに
 みつにひとりの 音をのみぞなく[17]

---

17) "여름날 땡볕에 타는 괴로운 이내 몸, 사랑에 애가 타 이리 괴로운데 '보았소'라고만 적어 보낸 그대의 답신에 나는 홀로 소리를 높여 웁

여기에 다시 이렇게 답장을 보내왔다.

무의미하게 흘러 고인 눈물이 내게 있다면
이것으로 끄시라 보게 해 드릴 텐데
いたづらに たまる 涙の 水しあらば
これして 消てと 見すべきものを[18]

이렇게 주거니 받거니 하면서 날이 지나가는데, 여자와 만나지 못할 것 같다고 생각한 남자가

한숨 소리가 응어리져서 굳고 할 바 모르는
내 어깨를 짓눌러 주체하기 어렵소
なげきをぞ こりわびぬべき あふごなき
わがかたききて 持ちしわぶれば[19]

니다."

[18] "연인도 아닌 사람을 위해 까닭도 없이 흘리는 눈물이 나에게 있다면 그 물로 애타는 마음을 끄시라고 보여 드리고 싶은데."

[19] "더 이상 장작을 벨 수 없을 것 같습니다. 지게 작대기가 없는 나의 어깨를 짓눌러 더 이상 지탱할 수 없을 것 같습니다. 나의 뱉어 내는 한

하고 읊어 보내자 여자는 답가를 보냈다.

 누구로 인해 굳어진 한숨인데 왜 느닷없이
 아무것도 모르는 제 탓을 하시나요
 たれにより こるなげきをか うちつけに
 荷なひも 知らぬ われにおほする[20]

 이렇게 지내고 있는 사이에 가을이 와 버렸다. 이 남자의 집은 취향을 어지간히 잘 살려 초목을 심어 놓아 지금 국화가 한창이라고 들은 여자가
 "그 근사하다는 국화를 한 송이 꺾어 저에게 보내 주세요"

숨이 엉겨 굳어져 이제 어찌하면 좋을지 모르겠습니다. 그대와 만날 수가 없으니." '나게키(なげき)'는 한숨(嘆き)과 장작(投げ木)을 중첩해 사용한 말이다. '고리(こり)'는 '응어리(凝り)'와 '나무꾼(樵り)'을, '아후고(あふご)'는 '지게 작대기'와 '만날 날(逢ふ期)'을 중의적으로 사용한 말이며, '가타키쿠(かたきく)'는 '어깨에 무리가 가다(肩に響く)'라는 의미다.

20) "누구를 위해 잘라 낸 나무인데 갑작스럽게 져 본 적도 없는 내 어깨에 얹는 것입니까? 누구 때문에 굳어 응어리진 한숨을 느닷없이 아무것도 모르는 제 탓으로 돌리시는 것입니까?"

하고 전해 와서, 그 심부름꾼에게 국화를 어디에 쓸 것인지 이유를 물었다. 그러자
"어느 남자분이 편지를 주셔서 그 답신에 국화를 붙여 보내시려는 것입니다."
하고 대답했다. 남자는
'이제까지 있었던 다른 어떤 일보다도 어처구니없는 일이다. 나 외에 접근하는 다른 남자에게도 답신을 보내고 있었던 것인가?'
생각하며, 무척 아름다운 국화 한 가지를 성의 없이 휙 꺾어 이런 노래에 붙여 보냈다.

색과 향기가 남는 이 국화꽃이 되고 싶군요
나 같은 사람 둘도 없다고 생각하오만
花も香も 残る菊とも なりにしか
われよりは また あらじと 思はむ[21]

이렇게 쓰여 있어서 여자는 심부름하는 아이에게

---

[21] "지금 제철을 맞은 국화를 올립니다. 저 자신도 서리가 내려도 꽃의 색깔과 향기가 남는 국화가 되고 싶습니다. 저 외에 그대 향한 의지가 굳은 자는 두 번 다시 없을 것으로 생각합니다."

"방금 그분한테 가서 뭐라고 했느냐?"
하고 물었다.
 "있는 그대로 말씀드렸습니다만…."
하고 말하자 여자가 답가로 다음과 같이 읊어 보냈다.

 심까지 젖고 막기 힘든 물결에 휩쓸리듯이
 저도 세찬 물살에 떠내려간 게지요
 濡れかへり せかれぬ水脈に ひかれてぞ
 われさへ浮きて 流れよりけむ[22]

노래를 보고 난 남자는 다시

 내 맘속 깊은 상념의 물줄기가 그대에게로
 세차게 흘러 저를 떠올린 것이겠죠

---

22) "몸이 심까지 온통 젖고 막을 수 없는 격렬한 물살에 휩쓸리듯 저쪽의 힘에 압도되어 자신도 모르는 사이에 끌려간 것이겠지요." '누레카헤리(濡れかへり)'는 여러 차례 젖는 것을 의미하며, '미오(水脈)'는 바다나 강 중앙의 물살이 센 곳으로, 배가 지나는 곳을 가리킨다. 진상을 남자에게 들킨 여자가 변명하는 노래를 보낸 것이다. 상대방 남자는 신분이 높았을 것으로 추측된다. 위세가 강했기 때문에 어쩔 수 없었다는 의미의 노래다. 《이세집(伊勢集, 이세슈)》에 실려 있다.

わが深き 心の水脈の とくはやく

流れくればぞ 君も浮きいづる[23)]

"어서 날이 저물어 주었으면 좋으련만. 만나고 싶소"
라고 쓴 편지의 답신에 여자가

"저물어도 아무런 의미가 없습니다. 여느 때보다 오늘 밤은 지키는 사람이 많을 테니 밤이 오히려 감시가 삼엄할 것입니다"

라는 소식을 전해 왔다. 그러자 남자는

그 오사카의 관문은 밤에 더욱 엄중하다니

날 저물면 무엇을 기대할 수 있을까

逢坂の 関は夜こそ 守りまされ

暮るればなにを われ頼むらむ[24)]

---

23) "나의 깊은 상념이 물줄기가 되어 세차게 흘러가 당신도 나를 떠올려 편지를 보내신 것이겠지요."

24) "만난다는 이름을 가져 의지하는 오사카의 관은 밤에 오히려 관문지기가 물샐틈없이 지킨다고 하니 만남을 방해하는 파수꾼은 밤이 되면 한층 엄중할 텐데, 그럼 해가 지면 나는 무엇을 기대할 수 있겠습니까?"

하고 읊어 보내자, 여자가 답가를 보냈다.

　엄중하지만 밤이기에 오히려 기대됩니다
　졸고 있는 틈을 타 넘을 수 있을 테니
　守りませど 夜はなほこそ 頼まれる
　寝る間もあらば 越さむと思ふに[25]

　이런 식의 노래를 주고받으며 지내고 있는데, 남자가 심히 원망 어린 말을 해 와 여자는
　"좋습니다. 하지만 역시 아무런 사이도 아닌 관계로 만나 저의 마음을 보여 드리지요. 요즘 달도 밝으니"
라고 답을 주어 남자는 여자네 집으로 찾아왔다. 남자를 툇마루 가까운 곳으로 부르고, 여자의 자매들도 발(簾) 가까이에 와서 저마다 젠체하며 질문을 해 댔다. '좋아요. 오늘 밤 만남을 통해 저의 진심을 보여 드리지요'라고 말을 해 놓고선 어찌 이렇게 보는 눈이 많은 것인지, 이런 상황에서 어떻게 남들 모르게 마음을 나눌 수 있단 말인지, 연

---

[25] "확실히 파수는 삼엄하겠지만 역시 밤은 희망을 걸 수 있습니다. 만약 파수꾼이 졸고 있는 틈을 발견한다면, 진정 마음이 있다면 몰래 관을 넘어오실 수 있으리라 생각합니다."

모하지 않는 사이라면 모두와 함께 즐길 수 있겠지만, 이래서는 아무래도 안 되겠다 싶어 밤이 새자 남자는 집으로 돌아와 노래를 읊어 보냈다.

> 함께했어도 기약 없는 소매에 비구름 되어
> 내리던 가을비를 달빛에 보았겠죠
> うちかはし 誓はぬそでを 雨雲と
> 降りし時雨は 月に見えけむ[26]

이렇게 말하는 것이었다.

작품 해설

사다훈(貞文)과 이세(伊勢)의 연애담이다. 이세는 사다훈에게는 부담이 큰 존재였을 것이다. 이세는 우다 천황(宇多天皇)과 아쓰요시 친왕(敦慶親王) 부자를 비롯해, 나카히라(仲平), 도키히라(時平) 등 당시 최고 신분의 남자들이 선망하는 여성이었으며, 당대 으뜸가는 가인

---

[26] "함께 잠을 자도 내일 일을 약속해 주지 않았기 때문에, 비구름 되어 늦가을 비처럼 소매에 흘러내린 눈물을 달빛에 잘 보았겠지요."

(歌人) 중 한 명이었다. 게다가 아쓰요시 친왕과의 사이에서 가인 나카쓰카사(中務)를 얻었고, 우다 천황과의 사이에서는 황자를 낳았으나 요절했다. 아무리 '요즘의 나리히라(業平)'라 불리는 헤이추라도 감당하기 어려운 상대였을 것이다. 와카의 재능 면에서도 그렇고 연애의 측면에서도 이세에게 농락당하는 남자의 초라한 사랑이 엿보인다.

3단 조카(長歌)를 보내다(長歌をやる)

　같은 남자가 마음속에 간직한 사람이 있었는데 자신의 신분에 맞지 않는 고귀한 상대라, 이렇게 시름에 빠져 있는 사실을 털어놓지 못해 그저 몸짓으로만 표현해 보이고 있었다. 여자가 이를 눈치채고 당치도 않은 일이라 생각하며 신경을 쓰고 있다는 사실을 안 남자는 지근한 거리에서 시중을 드는 여관(女房)의 비위를 맞춰
　"아무튼 기회를 봐서 편지를 올려 주세요"
이렇게 말하며 쓸 수 있는 데까지 자기의 생각을 전부 써 보냈다. 그러자 그 여자는 글을 읽고 자신의 주제도 분간하지 못하고 불손한 마음을 품고 있는 사실을 괘씸하고 어이없는 일이라 생각했다. 하지만 그냥 건성으로 하는 행동이라면 도저히 이런 식으로 연서를 보냈을 리 없다고 여긴 여자는 고민하다가
　"나를 어찌 보고 이런 일을 하신 것입니까?"
라는 답신을 보냈다. 편지를 받은 남자는 어떻든 간에 답장이 온 것은 가망이 있는 증거라고 기뻐하며 온갖 미사여구를 나열해 수시로 편지를 보냈다. 여자는 난처해서
　"정말로 나를 생각한다면 1년에 한 번 정도만 편지를

보내 주세요. 이렇게 자주 보내면 사람들 눈에 띄어 시녀가 편지를 들고 집 안을 다니기도 힘들어집니다"
라고 말해 편지를 자주 보낼 수 없게 되었다. 여자도 관계를 맺고 싶은 생각이 있었지만, 그렇게는 되지 않고 세월을 보내고 있는 사이 여자 가까이에 있는 시녀들이 왠지 의심을 시작한 듯 보여, 만나는 것은 고사하고 남자에게 편지를 보내는 것마저 어려워졌다. 그래서 이 남자는 다음과 같이 긴 노래를 읊어 보냈다.

혼자 누운 곳 이제 눈물의 강이 되어 버려서 그저 떠내려갈 뿐 물새들처럼 잠을 자는 것조차 불가능해요 겨울에는 날마다 서리 내리는 긴 밤을 지새우며 잠겨 있어요 대체 무엇 때문에 여린 대나무 긴 밤을 새우고 있는 것일까요 내 가슴을 태우는 가을바람은 숲속의 나뭇잎인 당신입니다 이슬도 가을비도 어느 틈엔가 새어 들어 소매를 적시겠지요 마를 틈도 없는 들길 이슬로 못 말리게 하려나 저 메아리의 응답은 틀림없이 돌아오겠죠 듣고 위로를 받는 일이 있어도 그때가 언제일지 알 수 없지만 최소한 허허로운 해 질 녘에는 공허한 하늘 위를 바라보면서 공허한 하늘이라 알고 있지만 그 이름에 맡기어 오사카산의 흰 천을 매단 새가 저녁이 되자 목소리를 높여서 울고 있어요[27] 듣는 사람마다 나무라지만 막을 수가 없어요 언제까지고 살 수 없는 목숨을 어리석게도 기대를 못 거둔 채 살아왔구나 살아 있는 동안에 연결된 길이 끊어져 못 만나면 저승 가는 강 어서어서 서둘러 건너갈까 합니다
臥す床の 涙の川と なりぬれば ながれてのみぞ 水鳥の うき寝をだにぞ われはせぬ 冬の夜ごとに 置く霜の おきゐてつねに 消えかへり なにごとをかは なよ竹の よ長きには 思ひ明かす わが胸をのみ こがらしの 森の木の葉は 君なれや 露も 時雨も ともすれば 漏りつつ袖を 濡らすらむ 干る時なき 野路露に 乾さじとやする 山彦の 答へばかりは 答へなむ 聞きて慰む ことやあると 時をいつとは わかねども せめてわびしき 夕暮は むなしき空を ながめつつ むなしき空 と 知りながら 名に頼みつつ 逢坂の 木綿付鳥の 夕鳴きを 振りいでいでぞ 鳴き渡る 聞く人ごとに 咎むれど 声もせきあへず いく世しも あらじ命を はかな

---

[27] 유우쓰케도리(木綿付鳥). 옛날, 세상이 어지러울 때 수도 주변의 네 관문에서 닭에 닥나무 속껍질의 섬유로 짠 흰 천을 매달아 불제(祓除)를 한 데서 유래한다.

くも 頼みて年の 経にけるか 生けるあひだの 打ち橋
の 絶えてあはずは 渡り川 とくとくとだに 渡りてし
かな[28]

[28] "혼자 누운 잠자리가 만날 수 없는 탄식으로 흐르는 눈물의 강이 되어 버려서, 그저 울기만 하는 이내 몸은 어찌할 줄 몰라 물새처럼 물 위에 뜬 채로 잠시 눈을 붙일 수조차 없어요. 서리 내리는 겨울밤에는 항상 깨어 지새우면서 슬픔에 잠겨 있어요. 대체 무엇 때문에 긴긴밤을 시름에 잠겨 지새우고 있는지 아시나요? 내 가슴을 끊임없이 애타게 하는 것은 늦가을 바람이 아니라 바로 그대입니다. 그 때문일까요? 걸핏하면 눈물에 잠겨 마치 요즘 늦가을 찬 바람으로 인해 나뭇잎이 모조리 떨어진 숲에 이슬과 늦가을 비가 내리듯이 소매를 적시고 있어요. 그런데도 마를 겨를도 없는 들의 이슬로 또 그 소매를 못 말리게 해서 더욱더 눈물에 잠기게 하려 하십니까? 박정한 그대는 답신을 보내지 않아도 최소한 메아리만큼은 응답해 주겠지요. 그것을 듣고 위로받는 일이 있을지도 모른다고. 그때가 언제일지 한정하기 어려워 항상 애달파 어찌할 수 없을 정도로 허허로운 해 질 녘에는 어디까지인지 모르게 펼쳐져 있는 하늘을 바라보면서 마음 줄 사람도 없는 공허한 하늘이라는 사실을 깨닫습니다. 하지만 오사카(만남 고개)라는 이름에 기대어 보고 싶고, 그대를 만나고 싶어 닥나무 실을 매단 닭이 저녁에 울듯, 저녁이 되면 목소리를 높여서 매일 울고 있어요. 그것을 듣는 사람은 하나같이 이유를 묻지만, 울음소리를 억누를 수 없어요. 언제까지고 살 수 있는 목숨이 아니라 덧없는 목숨에 기대어 언젠가 소망이 이루어질지도 모른다고 생각하며 몇 년을 살아왔어요. 이 세상에 사는 동안에 맺은 덧없는 인연인데 그대와 함께할 수 없다면 최소한 저승 가는 길에 건너는 삼도의 강을 하루라도 빨리 건너고 싶습니다."

만날 수 있다는 희망이 없는데도 아시히키산
끝없는 사초처럼 슬픔은 한이 없네
しるしあらむ ものならなくに あしひきの
山の山菅 やまず悲しき29)

그렇지만 여자는 노래를 읊지 못하는 사람이었는지 답장도 없다. 별 볼 일 없는 편지에도 답장을 쓸 때가 있는 법인데, 이렇게 마음을 담은 글에 답신을 보내지 않는 것을 보면 무슨 일에도 감동하지 못하기 때문이겠지. 뭐야, 이 응대는? 이런 식으로 자신보다 신분이 높다고 행세하는 것은 말도 안 되는 일이라고 생각해서 이 여자를 사모하는 일은 그만두었다.

작품 해설

마지막 부분의 "이렇게 마음을 담은 글에 답신을 보내지 않는 것을 보면 무슨 일에도 감동하지 못하기 때문이겠지. 뭐야, 이 응대는?"이라는 지문은, 실제로 "자신보다 신

---

29) "아무리 슬퍼해도 그대를 만날 가능성은 없는데, 아무리 시간이 지나도 슬픔은 사라지지 않습니다."

분이 높다고 행세하는"이 속내다. '제아무리 높은 산에 핀 꽃이라도 훌륭한 꽃이라면 최선을 다하겠지만, 조카(長歌)를 보냈는데 답가도 하지 못하는 여자라니, 쓸데없지' 하고 생각해 교제를 그만두었다고 하는 굴절된 결말이 역시 《고금와카집》시대의 가인답다. "신분이 높다고 행세하는" 뒤에 이어지는 결론이 독특하고 흥미롭다.

조카는 만엽(万葉, 만요) 시대가 전성기였다. 조카의 형식은 단카(短歌)와 조카가 몇 회 반복되다가 마지막에 조카로 끝이 난다. 단카가 5수 조카가 7수로 정형화되어 있다. 조카에는 문답형이 시도되고 있으며, 1수 안에 '물음'과 '응답'이 공존한다. 본 단의 조카는 자문자답의 형식을 도입하고 있다.

4단 단념(斷念)

   또 이 남자에게는 2년 가까이 마음 내키는 대로 연서를 보내는 여자가 있었다. 하지만 어떻게든 직접 만나고 싶다는 마음이 강했다. 여자는 남자의 편지에 다음과 같은 답장을 보내왔다.

   드넓은 바다의 밑바닥에 자라는 해초 청각을
   해녀는 삼 년이나 노를 저어 베지요
   わたつみの 底に生まれたる みるめをば
   三年漕ぎてぞ 海人は刈りける[30]

이에 남자가 답가를 보냈다.

   원망하면서 봄날을 세 번이나 노 젓는 동안
   목숨이 붙어 있다면 사랑은 끝나겠죠
   うらみつつ 春三返りを 漕がむ間に

---

[30] "큰 바다 밑에 나는 청각을 해녀는 3년간 헤엄쳐 다니며 베지요. 그러니 당신도 2년 정도로 저를 설득하겠다는 것은 너무 이르지 않나요?"

命絶えずは さてややみなむ31)

 그렇게 지내는 사이에 말 그대로 그 남자로부터
 "죽을 것처럼 앓고 있습니다"
라는 소식이 전해졌지만, 여자가 안부를 묻는 소식조차
보내지 않고 있었더니 남자는 거기서 사랑하는 마음을 접
었다.

작품 해설

 연애 상대에 몰입하지 못하고 '마음 내키는 대로' 하는
남자의 이야기다. 연애에도 머뭇거림과 이성(理性)이 작
용한다. 연애하는 자신을 냉소적으로 바라보는 또 하나의
눈이 자기 안에 웅크리고 있다. 불태우지 못하는 남자의

---

31) "만나 주지 않는 그대를 원망하면서 3년째 봄을 저어 가는 동안, 나의 목숨이 끊어지지 않는다면 저도 말씀대로 하지요. 하지만 기다리지 못하고 사랑에 애가 타 죽을 것입니다. 도저히 3년간이나 기다리지는 못합니다." '우라미(浦見)'와 '우라미(恨み)'는 동음이의어로 가케코토바(掛け詞)로 사용되고 있다. 가케코토바란, 수사법의 하나로 음이 같고 뜻이 다른 말을 사용해 한 낱말에 두 가지 이상의 뜻을 지니게 하는 기교적인 표현을 말한다.

마음이 상대의 마음에 미묘하게 전달되어 여자도 주저하게 된다. 그리고 결국 남자는 사랑하는 마음을 접는다. 그처럼 일본의 문예나 예술에서는 마음 내키는 대로 사는 삶, 마음 내키는 대로 하는 태도가 하나의 중요한 테마라고 할 수 있다. 열심, 한결같음, 외곬 등의 삶의 방식과 그 매력이 옳은 방도로서 전면에 존재하지만, 반면에 여유를 가진다거나 혹은 '삐딱하게 칼을 든 모습의 완벽하지 않은 삶'에도 매력은 있다. 그곳에 인간의 진실이 있기도 하다. 세상에는 필사적으로 사는 인간과 은둔자처럼 세상일에 얽매이지 않는 사람이 있다.

5단 벗(友)

　또 이 남자, 정월 초하룻날 비가 심하게 내려 깊은 상념에 잠겨 멍하니 밖을 내다보고 있는데, 친구가 이렇게 읊어 전해 왔다.

　봄비와 함께 다시 바뀌어 가는 세월 속에서
　해가 쌓이고 쌓여 늙은이가 되겠지
　春雨に ふりかはりゆく としつきの
　年のつもりや 老いになるらむ[32]

　이후 그 친구가 오랫동안 찾아오지 않자 남자는 노래를 읊어 보냈다.

　그대의 우정 이제는 여럿으로 나뉘었는지
　나에게 남은 것이 적어진 모양이오
　君が思ひ いまはいくらに 分くればか

---

[32] "오늘은 봄비가 내리는 정월 초하루입니다만, 이렇게 변해 가는 세월이 쌓이고 쌓여 사람은 나이를 먹어 가는 것이겠지요."

われに残りの 少なかるらむ[33]

이를 받은 친구로부터의 편지,

해가 갈수록 탄식하는 횟수는 늘어 가는데
누구와 나누리오 우정은 하나인데
年ごとに なげきの数は そふれども
たれにか分けむ 二心なし[34]

작품 해설

　《헤이추 모노가타리》 안에는 친구와의 우정을 그린 이야기가 산재해 있다. 1단에도 중상모략을 당해 관직을 잃고 허탈해하는 남자를 방문해 위로하는 남자들이 등장하며, 25단에도 여자 문제로 괴로워하는 남자의 상담자가 되

---

[33] "그대의 우정은 지금 도대체 몇 사람에게 나누었길래 나에게는 얼마 남지 않은 우정밖에 보여 주지 않는 것인가요?"

[34] "해마다 나이를 먹어 내뱉는 탄식은 하나씩 늘어 갑니다만, 그것을 그대 이외에 누구에게 말하며 나눠야 할까요? 나의 우정에 두마음은 없습니다."

어 시간을 할애하는 남자가 등장한다. 이러한 남자 간의 우정도 《이세 모노가타리》를 의식한 구조로 파악되는데, 《이세 모노가타리》 16단의 남자는 아내가 집을 나간 친구를 위해 편지와 함께 침구를 보내는 우정을 과시한다.

6단 들판의 휘파람새(野の鶯)

또 이 남자가 한가로이 거닐 목적으로 교외로 나갔는데 멀리서 휘파람새가 울어
 "어디서 우는 걸까?"
궁금해서 함께 간 사람에게

휘파람새의 소리가 희미하게 들려오는데
대체 어느 산에서 우는 메아리인가
うぐひすの 声のはつかに 聞ゆるは
いづれの山に なく山彦ぞ35)

읊조리듯 물었다.

35) "휘파람새 소리가 저렇게 희미하게 들려오는 것은, 도대체 어느 산에서 울고 있는 휘파람새의 메아리일까?" '우구이스(鶯)'는 일반적으로 꾀꼬리로 번역하는 경우가 많으나 대부분은 휘파람새를 가리킨다. 우리나라에서도 휘파람새를 꾀꼬리로 오인하는 경우가 많다. 실제로 우리가 알고 있는 구슬 같은 목소리의 대명사는 꾀꼬리가 아니라 휘파람새다.

작품 해설

   일본인에게 가장 친숙한 봄의 새라고 하면 휘파람새(鶯, うぐいす)일 것이다. 명금류, 즉 고운 소리로 지저귀는 새로서 인기가 높다. 일본에는 '휘파람새가 처음 지저귀는 날(鶯の初鳴き日)'이 있어 봄의 도래를 알리는 지표가 된다. '봄을 고하는 새(春告鳥)'인 휘파람새의 별명은 거기에서 유래한다. 현재 평균적으로 빠른 곳은 2월 20일경, 홋카이도에서는 4월 30일경에 울기 시작한다고 한다. 이 시기는 대체로 매화가 피는 시기와 겹쳐 '매화에 휘파람새(梅に鶯)'를 조합한 시가와 그림이 고대로부터 유행했다. 그런데 휘파람새는 매화를 그리 좋아하지는 않은 것 같다. 휘파람새가 울기 시작할 무렵에 피어 있는 꽃은 매화뿐이어서 붙은 이야기인 듯하다. 실제로 '매화에 휘파람새(梅に鶯)' 이전에는 '대나무에 휘파람새(竹に鶯)'라는 조합이 일반적이었다.

7단 허무한 기도(むなしい参篭)

 그런데 이 남자는 시가사(志賀寺)36)에 묵으며 2월의 법요에 힘을 기울이고 있었다. 그때 남자의 방 앞을 여자들이 서성거렸다. 그러자 이 남자는 못 본 체 조용히 지나치지 못하고
 "어찌하여 그렇게 서성이고 계신 것입니까?"
하고 물었다. 그러자
 "밤이 깊었는데 묵을 방도 없는 듯하고 의지할 곳도 없습니다"
하고 말하기에
 "그렇다면 여기에 머무시겠습니까?"
하고 같이 간 사람에게 전하게 했더니 여자들은
 "그거 고마운 일이네요"
하고 들어와, 아주 작은 물건으로 칸막이를 하고 이 남자와 같은 방에 머물렀다.
 그렇게 변변치 않은 칸막이 너머로 여자들과 이야기를

---

36) 시가사(志賀寺, しがでら)는 오쓰시(大津市) 시가사토정(滋賀里町) 서부의 산지에 유적이 있다. 헤이안 중기까지 번성했다고 전한다.

나누는 사이에 날이 환하게 새 버렸다. 여자들이 모두 그 방에서 나가 몸을 의지하고 있는 곳으로 남자가 이렇게 노래를 읊어 보냈다.

한 무리 새가 소란스럽게 떠난 이 자리에서
구름 뜬 하늘만을 쳐다보고 있어요
群鳥の 騷ぎ立ちぬる こなたより
雲の空をぞ 見つつながむる[37]

이 노래에 대한 답장으로 여자가 이렇게 읊었다.

짧은 만남에 소란스럽게 떠난 한 무리 새는
몸을 맡길 수 있는 둥지를 찾고 있어요
はかなくて 騷ぎ立ちぬる 群鳥は
飛び帰るべき 巢をぞもとむる[38]

---

[37] "한 무리의 새가 일제히 날아가듯, 그대들이 떠들썩하게 떠나간 이 자리에서 나는 먼 하늘을 정처 없이 바라보며 시름에 잠겨 있습니다."

[38] "아주 짧은 시간이었지만, 잠시 가까이에 머물다 경황없이 물러간 우리는 편히 머물 만한 장소를 찾고 있습니다."

이에 남자가 답가를 읊었다.

처소를 나눠 기다리고 있는데 하늘 나는 새
어째서 다른 곳을 구하는 것인가요
巢を分きて わが待つものを 飛ぶ鳥の
なにか行方を さらにもとむる[39]

이렇게 읊어 보내자 여자들은 서로
"노래를 주고받는 건 하지 말자. 나중이 귀찮아져"
하고 말하며 어디론가 가 버렸다. 그래서 남자도 굳이 찾아다니지 않고 없던 일로 하기로 했다.

그런데 또 다른 방에 여자의 모습이 여럿 보이기에 가만히 있을 수 없어 남자는 노래를 읊어 보냈다. 내리는 눈으로 하늘이 온통 어두운 날이었다.

봄이 된 산의 거친 바람 때문에 아침 일찍이
떨어져 내리는 건 꽃인가 봄눈인가

---

[39] "새는 사이좋게 둥지를 공유한다고 해서 나도 방의 절반을 비워 오시기를 기다리고 있는데, 어찌하여 계속해서 갈 곳을 찾고 계시는 것입니까?"

春山の あらしのかぜに 朝まだき

散りてまがふは 花か雪かも[40]

이렇게 쓰여 있지만, 여자들은 여기에 답장을 쓰지 않는다.

그러자 다시 남자는 노래를 읊어 보냈다.

이름 물으면 대답을 할 터인데 잔물결 이는

나가라산 메아리 응답을 하지 않네

問ひければ こたへける名を ささなみの

長等の山の 山彦もせぬ[41]

[40] "봄 산의 거센 바람에 아침 일찍부터 떨어지는 것은 꽃인가 눈인가? 눈에 섞여 언뜻언뜻 아름답게 보이는 그대들은 누구인가요?"

[41] "메아리는 이름을 물으면 대답을 합니다. 그런데 이 나가라산의 메아리는 대답도 하지 않습니다. 그대들은 물어도 대답을 하지 않으시네요." '사사나미(ささなみ)'는 '나가라산(長等山)'의 마쿠라코토바(枕詞: 와카에서 특정한 말 앞에 놓여 어조를 고르는 수식어)다. 따라서 특별한 의미를 갖지 않을 때가 많다. 원래 어의는 '잔물결'인데 의미가 변해서 '작은 동요나 분쟁'을 가리키는 말이 되었다. 나가라산은 시가사(志賀寺)에서 가깝지만, 소재지와 관계없는 미이사(三井寺)의 산호(山號)로 사용된다. 산호란 불교 사원 이름 앞에 붙이는 칭호다.

그러자 이번에는 답가를 보냈다.

잔물결 이는 나가라산에 사는 그 메아리는
불러도 답이 없죠 주인이 없으니까
ささなみの 長等の山の 山彦は
問へど こたへず 主しなければ[42]

그리 특별하지도 않은 여자가 마치 대단히 높은 신분인 것처럼 답가를 보냈기 때문에 어이가 없어 그 이상 노래도 보내지 않고 끝내 버렸다.

작품 해설

헤이안 시대 불교 사찰 등에 일정 기간 머물며 기도하는 행위는 《베갯머리 서책(枕草子, 마쿠라노소시)》 '정월, 절에 머무는 것은 몹시 춥지만, 눈이 자주 내리고 어는 것마저 흥미롭다(正月に寺にこもりたるは、いみじう寒く、雪がちに氷りたるこそをかしけれ)' 부분에서도 알

---

[42] "네, 네, 나가라산의 메아리만은 불러도 대답하지 않습니다. 나가라산의 메아리는 주인이 없기 때문이지요."

수 있는 것처럼, 기도에 몰두하는 구도심이 목적이라기보다 어느 정도의 신앙심과 더불어 그 시기의 풍정, 인정을 찾아 떠나는 여정으로서의 성격이 강했다. 유유자적 놀러 다니며 구경하는 데에 목적을 두고 집을 나서는 청년 귀공자도 많아, 모노가타리 7, 8단의 남자도 사교 목적의 참배라고 볼 수 있겠다. 여기서도 필요 이상으로 주위 여자들에게 신경을 쓰며 흘금거리는 남자의 모습이 그려진다.

묵는 장소로 절 본당의 기둥과 기둥 사이를 막고 여러 개의 작은 공간을 마련한다. 대부분은 예약된 공간이며, 발을 내려 치고 그 안쪽에 기초(几帳)라고 불리는 휘장을 늘어뜨린 T 자형 가리개와 칸막이로 구분한다. 예약하지 않은 사람은 노출된 곳에 묵어야 해서 고상한 취향의 여성들에게는 견디기 힘든 장소였다.

8단 벚꽃 문답(桜問答)

또 이 남자, 각별한 관계도 아닌데 한 여자에게 시시때때로 세심한 연서를 보내고 있었다. 어느 날 그 여자에게 아주 근사한 벚꽃 가지를 꺾어 거기에 붙여 보낸 노래.

피었다 지는 꽃이란 걸 알지만 볼 때만큼은
마음이 유난히도 소란스러워져요
咲きて散る 花と知れるを 見る時は
心のなほも あらずもあるかな

여자의 답가.

해마다 피는 꽃이 되고 싶어요 그리된다면
당신의 그 마음은 잠시라도 머물까
年ごとの 花にわが身を なしてしか
君が心や しばしとまると

작품 해설

　벚꽃은 봄의 상징이며 꽃의 대명사로서 오랫동안 와카와 하이쿠를 비롯한 문학 작품에 등장했다. 벚꽃의 위상이 높아진 것은 헤이안 시대다. 소위 국풍 문화가 구축되어 감에 따라 서서히 벚꽃의 인기가 높아져 '꽃'이라고 하면 벚꽃을 가리키게 되었다. 헤이안 시대에 편찬된《고금와카집(古今和歌集)》의 가나 서문(仮名序)에서 보는 것처럼 고훈 시대(古墳時代) 왕인(王仁)의 노래라고 알려진 '나니와즈에 핀 이 꽃 겨울 동안 숨어 있다가 지금은 봄이라고 피어났구나 이 꽃(難波津の咲くやこの花冬ごもり今は春べと咲くやこの花)'에서 '꽃(花)'은 매화(梅)지만, 헤이안 시대의 가인인 기노 도모노리(紀友則)의 와카 '볕이 이렇게 따사로운 봄날에 어찌하여서 벚꽃은 어지럽게 떨어지는 것인가(ひさかたの光のどけき春の日にしづ心なく花ぞ散るらむ)'에서 '꽃(花)'은 벚꽃(桜)을 가리킨다. 사가 천황(嵯峨天皇)은 벚꽃을 선호해 하나미(花見)를 개최했으며, 궁중의 시신덴(紫宸殿) 정면 계단 아래, 동쪽에 심은 '좌근(左近)의 사쿠라(桜)' 자리는 원래 매화였으나, 벚꽃을 애호하는 닌묘 천황(仁明天皇)이 재위 중에 매화나무가 마르자 벚나무로 갈아 심었다고 전한다.

9단 어떤 사랑의 전말(ある恋のてんまつ)[43]

 또 이 남자에게는 평소 소문으로 듣고 마음을 기울이고 있던 여자가 있었다. 그렇다고는 해도 좀처럼 연서를 전할 기회가 없어 가까이 가지 못하고 있는데, 그 여자도 마찬가지로 이 남자의 소문을 듣고는 연정을 자아내기 위해 자기 쪽에서 먼저 다음과 같은 노래를 읊어 보냈다.

 변덕스러워 마음 정하지 못해 부는 바람이
 너른 하늘 것이라 하는데 사실이오
 心あだに 思ひさだめず 吹く風の
 大空ものと 聞くはまことか[44]

 글을 보고 남자는
 '이상하네'

---

43) 이 단의 말미는 《야마토 모노가타리(大和物語)》 46단 헤이추(平中)와 간인노 고(閑院の御)의 이야기와 일치한다.
44) "변덕스러워 넓은 하늘 한군데를 정하지 않고 부는 바람처럼 당신은 상당히 바람기가 있는 분이라 들었는데 사실입니까?"

하고 생각했지만 어떻게든 가까이하고 싶은 여자에게서 그런 노래가 전해져 왔기에 남자는 기뻐하며 답가를 써 보냈다.

> 떠다니면서 바람에 나부끼는 흰 구름 같은
> 그대야말로 하늘 것이라 하던데요
> ただよひて 風にたぐへる 白雲の
> なをこそ空の ものといふなれ[45]

다시 여자는 벚꽃이 근사하게 핀 가지에 붙여서 노래를 읊어 보냈다.

> 가까이 보면 틀림없이 정취가 느껴지겠죠
> 우리는 오래도록 변치 않길 바라요
> まさぐらば をかしかるべき ものにぞある
> わが世久しく 移らずもがな[46]

---

[45] "저를 바람이라고 말씀하시는데, 떠다니며 바람이 부는 대로 나부끼는 흰 구름을 믿기 어렵다고 말하는 것은 알고 계십니까? 그런 얘기를 하는 그대야말로 무책임한 사람이라고 하는 것 같더군요."

[46] "벚꽃이라는 것은 손에 들고 감상하면 멀리서 보는 것과 달리 또 다

남자가 답가를 보냈다.

올부터라도 만일 봄의 마음이 변치 않으면
가까이 지내면서 당신 위해 살겠소
今年より 春の心し かはらずは
まさぐられつつ 君が手に経む[47]

이런 노래를 보고 이야기를 나눠 볼 만하다고 생각한 것일까?
"칸막이를 두고라도 말씀을 듣지요"
하고 전해 온 것이었다. 그래서 남자는 서둘러 여자의 집으로 달려와 이야기를 나누고 그날 밤은 아무 일 없이 돌아갔다. 이튿날 아침, 여자네 집에서

른 정취가 느껴지는 것이지요. 나도 가까이 대해 주시면 어떨까요? 하지만 벚꽃은 금방 떨어지더라도, 우리 사이는 언제까지나 변치 않기를 바랍니다."

[47] "매년 봄은 지나쳐 가지만 올해부터 만일 봄의 마음이 변치 않고 언제까지나 지속된다면 당신 가까이에서 친밀하게 함께 지내지요." 즉, '이 세상에서 벚꽃이 없어지지 않는다면 나는 당신의 손에서 사랑받는 벚꽃처럼 언제까지나 당신 소유로 함께 하겠다'는 의미다.

부는 바람에 춤추는 풀잎이라 생각됩니다

한밤의 이슬처럼 물러가지 말아요

吹く風に なびく草葉と われは思ふ

夜半におく露 退きもかれずな⁴⁸⁾

이런 노래를 보내와

"참으로 유감스럽게도 벌써 서약을 요구하다니"

하고 말하며 남자가 답가를 읊어 보냈다.

깊은 산속의 소나무 변치 않소 바람 아래의

풀잎이라 칭하는 그대는 변하여도

深山なる 松はかはらじ 風したの

草葉と名のる 君はかるとも⁴⁹⁾

---

48) "나는 바람에 불려 춤추는 연약한 풀잎입니다. 밤중, 그 풀잎에 맺힌 이슬처럼 내가 있는 곳으로 다니고 계신 당신은 아무쪼록 나에게서 쉽게 멀어지는 일은 하지 말아 주세요." '이슬'은 풀잎에 맺힌 이슬을 말하는 것으로 여자를 방문해 오는 남자를 가리킨다.

49) "깊은 산의 소나무는 푸른색이 언제까지고 변치 않습니다. 나는 그 소나무처럼 마음이 변하지 않을 것입니다. 스스로 시들기 쉽고, 바람이 부는 대로 나부끼는 풀잎이라고 칭하는 그대의 마음이 이내 변

그러고는 해가 질 무렵 여자를 찾아와 하룻밤을 함께 하고 돌아갔다. 그런데 여자는 남자가 온 사실을 식구에게 들켜 버렸다.

"내 눈으로 똑똑히 보았다. 여기서 나간 것은 누구냐?"
"모릅니다. 설마 그럴 일이 있겠습니까?"
"좋다. 그렇게 시치미를 뗀다면 여기서 나간 그 남자의 집으로 가서 물어보고 오마"
하고 말했다. 그렇게 말하는 사람은 남자와 자주 만나 이야기를 나누는 사이였다. 일이 이렇게 돌아가자 여자는 남자에게

"분명히 당신 있는 곳으로 가서 따져 묻겠지요. 오늘 아침 저의 거처에서 나가시는 것을 본 것 같습니다. 만일 물으면 이렇게 대답해 주세요"
라고 써서 노래를 읊어 보냈다.

사납고 거친 신이라 하는 신은 다 아시겠죠
바람결에도 아직 모른다고 하세요

한다 해도."

ちはやぶる50) 神てふ神も 知らるるむ

風の音にもまだ 知らずてへ51)

이 와카에 대한 답장에는 이렇게 쓰여 있었다.

시라카와를 모른다 말 못해요 밑바닥까지
깨끗하게 면면히 흐르고 있을 테니
白川の 知らずともいはじ 底清み
流れてよよに すまむと思へば52)

그리고 다시 이 남자는 여자의 집으로 갔다. 남자가 돌아간 이튿날 아침 여자는 노래를 읊어 보냈다.

---

50) 지하야부루(ちはやぶる)는 신(神)이나 우지(宇治) 등의 '마쿠라코토바(枕詞)'로, 보통 해석하지 않는다. 마쿠라코토바는 와카 등에 쓰는 수사법의 하나로, 특정한 말 앞에 놓여 어조를 고르는 일정한 수식어를 말한다. 5음절로 된 것이 많다.

51) "신이라는 신은 모두 알고 계시겠지요. 그런 여자는 만난 적도 없고 소문으로도 들은 적이 없다고 말해 주세요."

52) "모른다고 말할 수는 없어요. 시라카와강이 언제나 밑바닥까지 깨끗하고 맑게 흐르고 있는 것처럼 나도 두마음이 아니니 언제까지나 오래도록 밤마다 그대 처소로 다니려 생각하고 있으니까요."

말씀만큼은 기대하게 하지만 밤이슬처럼

있다가 사라지니 죽을 듯 그리워요

言の葉の 人だのめなる 憂き露の

おきていぬるぞ 消えて恋しき53)

답가

아아 슬프도다 신뢰할 수 없어요 하얀 이슬은

태양 빛에 풀잎은 시들어 버릴 테니

あはれあはれ おきて頼むな 白露は

思ひに草の 葉やかるるとぞ54)

---

53) "말씀만큼은 무척 의지가 될 것 같습니다. 하지만 밤에 내려 아침에는 사라지는 이슬처럼 야속한 당신이 일어나 돌아가시면 저는 죽을 만큼 그립습니다."

54) "아아, 이게 웬일이란 말인가? 그대에게 이슬이라고 불린 나는 그대를 믿어서는 안 되겠어요. 자신을 이슬이 맺힌 풀잎이라고 스스로 말씀하신 그대가 풀은 햇빛에 이내 시든다고 하니 변심하실지도 모르지 않습니까?" '오키테 다노무나(おきて頼むな)'는 남자를 이슬, 여자를 풀잎에 비유해 풀잎에 이슬이 맺히는 것처럼 여자를 신뢰하면 안 된다는 의미다. '오모히(思ひ)'에 햇빛을 가리키는 '히(日)'를 숨기고 있다. '가루(かる)'는 '시들다'라는 의미의 '가루(枯る)'와 떠난다는 의미의 '가

이런 긴밀한 관계가 지속되었으나, 어느 날 남자는 멀리 여행을 가고 싶어 나니와(難波)55) 방면으로 떠난다는 소식을 전해 왔다.

"제가 없는 동안 별고 없기를 바랍니다. 이것은 다지마 지방(但馬國)56)에서 가지고 온 두꺼비라는 것인데 보냅니다"57)

하고 말하며

아주 잠깐의 헤어짐조차 이리 괴로운 것을
かたときの 別れだにかく わびしきを

루(離る)'를 중첩해서 사용하고 있다.

55) 나니와(難波)는 셋쓰 지방(摂津国)의 옛 호칭으로 지금의 오사카 우에마치다이치(大阪上町台地)를 중심으로 하는 지역을 가리킨다.

56) 다지마 지방(但馬国)은 효고현(兵庫県)의 북부를 가리킨다.

57) 여기서 '두꺼비(たにもかく)'가 등장하는 이유는, '다지마 지방'을 가리키는 '다치마치(たちまち)'에 두꺼비를 뜻하는 '히키카에루(ひきかえる)'의 다른 호칭인 '다니모카쿠(たにもかく)'를 연결해 '다지마 두꺼비/금방 돌아오다'라는 중의적 표현(가케코토바)을 만들고 있기 때문이다.

이렇게 읊어 보냈더니, 여자는

    돌아오기도 전에 나는 사라지겠죠
    ゆき帰るまに われは消ぬべし[58]

"만일 그리된다면"이라 말하며 다시 읊어 보냈다.

    나니와만의 아침 녘 밀물처럼 빨리 오세요
    늦으면 거품처럼 사라져 버릴 테니
    難波潟 朝満つ潮の はやく来ね
    よどまばみの泡 たへず消ぬべし[59]

남자의 답가

    빠진 썰물이 다시 차 오기 전에 사라진다면
    무엇 하러 나니와 바다를 보러 갈까
    干る潮の 満ち返る間に 消ぬべくは

---

[58] "당신이 돌아올 때까지 기다리기 힘들어 애가 타 죽고 말 거예요."
[59] "나니와 펄의 아침, 기세 좋게 밀려오는 밀물처럼 어서 돌아오세요. 늦게 오시면 덧없는 거품처럼 견디지 못해 죽을지도 몰라요."

なにか難波の 潟をだに見む[60]

하고 여자를 사랑스럽게 여겨 나니와에 가지 않고 교토에 머물렀다. 이렇게 지내고 있는 동안에 남자의 마음이 변한 것 같아 여자가 노래를 읊어 보냈다.

관계를 맺은 후가 오히려 분이 더 쌓입니다
원래부터 야속한 마음이라 생각하니
あひ見ての のちぞくやしさ まさりける
つれなかりける 心と思へば[61]

편지를 보고 남자는

만나고 난 후 나는 더 타올라요 만나지 못해
그대 향한 탄식을 매일같이 하면서
見てのみぞ われはもえます 春山の

---

[60] "갔다가 돌아오기도 전에 죽어 버릴 것 같다고 하면 내가 무엇 하러 나니와 바다 따위를 보러 가겠습니까?"
[61] "그대와 관계를 맺고 난 후 오히려 한층 더 분한 생각이 듭니다. 원래부터 야속한 마음이라는 사실을 알았기 때문에."

    よその嘆きを 思ひつぎつつ[62]

이렇게 답가를 보내지만, 여전히 남자가 야속하게 생각되었는지 여자는

    이제부터는 후지산의 연기도 그치지 않아
    타오르는 마음이 가슴에 가득하니
    いまよりは 富士の煙も よにたえじ
    燃ゆる思ひの 胸にたえねば[63]

하고 읊어 보냈다. 이에 대한 남자의 답가

    후회하는 마음 가슴 가득하다면 나의 탄식도
    후지의 연기처럼 그치지 않을 테죠
    くゆる思ひ 胸にたえずは 富士の嶺の
    なげきとわれも なりこそはせめ[64]

[62] "아니, 이쪽은 깊은 사이가 되고 나서 이윽고 그대 향한 사랑이 깊어집니다. 요즘 좀처럼 만날 수 없음을 탄식하면서."
[63] "이제부터는 후지산의 연기도 절대 그치는 일이 없을 것입니다. 불씨가 될 내 가슴에 불타는 마음의 불이 꺼지지 않기 때문이죠."

그 무렵 남자는 오랫동안 여자를 방문하지 않았기 때문에 이를 가엾게 여겨 어느 날 아침 일찍 이렇게 써 보냈다.

마음 편하게 그대는 잤겠지요 나는 말이죠
이슬처럼 일어나 생각하며 지샜소
うちとけて 君は寝ぬらむ われはしも
露と起きゐて 思ひ明かしつ65)

그렇지만 여자는 잠은커녕 밤새도록 생각에 잠겨 날을 지새우고 멍하니 밖을 내다보고 있었는데, 그때 이 노래를 들고 온 것이다. 이에 여자는 이렇게 읊었다.

흰 이슬처럼 깨어 앉아 누구를 연모했나요

---

64) "두 사람 사이를 후회하는 마음이 끊이지 않는다고 말씀하신다면 나도 후지산 봉우리의 멈추지 않는 연기처럼 그 연기의 원인이 되는 장작, 그치지 않는 한탄을 하겠지요." '나게키(なげき)'는 가케코토바(掛け詞)로 장작(投木)과 한탄(嘆き)을 겹쳐 사용하고 있다.
65) "당신은 아무런 걱정도 없이 편히 주무셨겠지요. 나는 어떻게 보냈냐면, 밤에 내리는 이슬처럼 밤새워 만날 수 없는 탄식으로 눈물에 잠겨 일어나 지새웠습니다."

나는 믿지 않아요 과거의 여자이니
白露の おきゐてたれを 恋ひつらむ
われは聞きおはず 石上にて[66]

이 여자가 살고 있던 곳은 다름 아닌 이소노가미(石上)[67]라고 불린 곳이다.

작품 해설

이 단에서 대단히 흥미로운 부분은 여자인 간인노 고(閑院の御)가 '이 남자의 소문을 듣고는 연정을 자아내기 위해 자기 쪽에서 먼저 다음과 같은 노래를 읊어 보냈다'라는 내용이다. 이처럼 남녀 관계에 적극적이거나, 이어

---

[66] "밤새도록 깨어 있었다고 하시는데 누구를 그리워하며 애를 태우신 것입니까? 네 탓이라고 말씀하셔도 그런 건 모릅니다. 저는 이소노가미(石上)가 오래전에 버린 여자입니다."

[67] 이소노가미(石上)는 본디 나라현(奈良県) 덴리시(天理市)에 속한 지명이다. 후루(布留)라는 지역이 이소노가미(石上)의 일부였던 관계로 이소노가미는 후루를 소환하는 말인 마쿠라고토바(枕詞)가 되고, 후루(布留)는 후루(古)와 같은 음이어서 가케코토바로 사용되는 것이다. 즉, 여기서 이소노가미(石上)는 과거를 뜻하는 후루(古)의 마쿠라고토바로 쓰인 것이다.

지는 10단에서처럼 여자 쪽에서 남자의 집을 방문해 밤을 함께 보내고 아침 일찍 헤어져 돌아와 여자가 남자에게 기누기누노후미(後朝の文)라는 편지를 쓰는 모습이 나온다. 남자가 더 능동적이라는 상식을 깨는 행동이다. 연애에 수동적인 헤이추의 모습은 여성들의 공세적인 모습에 다소 압도된 느낌이다. 물론, 여자에게 그만큼 인기가 있다는 사실을 뽐내는 내용으로 볼 수도 있지만, 연상의 여성 가인이나 높은 신분의 궁궐 여관(女官)들의 선망이 되고 있었던 것을 보면, 역시 헤이추는 미남 귀공자였을 가능성이 크다. 자이추(在中), 헤이추(平中)라는 별명으로 불린 것도 아마 나리히라(業平)와 사다훈(貞文)이 미남 가인이라서 여성들이 추켜세우고 떠들어 대니 당시의 남성들이 두 사람을 질투해 호색한의 굴레를 씌워 취급한 증거로 추정된다. 질투(嫉妬)라는 한자의 부수가 여(女)인 것이 무색할 정도다.

10단 보지만 만나지 못한 사랑(見れど逢わぬ恋)

또 이 남자에게 여자가 있었다. 그 여자가 남자의 집으로 찾아왔다. 밤이 깊을 때까지 이야기를 나누다가 집으로 돌아간 여자가 남자에게 노래를 읊어 보냈다.

밤 이슥해서 탄식하며 왔는데 어느 틈엔가
꿈속에 나타나서 그리워 애태우네
さ夜ふけて 嘆き来にしを いつの間に
夢に見えつつ 恋しかるらむ[68]

남자의 답가

탄식했다니 지당한 말이네요 사랑한다면
밤에 와 자지 않고 가는 일이 있을까
嘆くてふ ことぞことわり 思ひせば

---

[68] "밤이 깊어 헤어지는 게 괴로워서 탄식하며 돌아온 것이 바로 조금 전인데, 어느 사이에 깜빡 졸았는지 어느 틈엔가 그대가 꿈속에 나타나 그리움에 애가 탑니다."

夜半に来て寝ず 帰らましやは[69]

작품 해설

　헤이안 시대의 남녀 관계는 '통혼(通ひ婚, かよいこん)'이라 해서, 보통 해가 지고 나서 남성이 여성의 집으로 다니며 교제를 이어 가는 방식이었다. 그리고 날이 밝기 전에 남성은 자신의 집으로 돌아왔다. 집으로 돌아온 후에 남성은 여성에게 편지를 보내는 것이 관례였다. 그 편지를 '기누기누노 후미(後朝の文)'라 부르고 편지 안에 첨부한 와카를 '기누기누노 우타(後朝の歌)'라고 불렀다. '기누기누노 후미'는 가능한 한 빨리 보내는 것이 예의였다. 이 편지를 전달하는 심부름꾼은 '기누기누노 쓰카이(後朝の使ひ)'라고 불렀다. 만났을 때 벗어서 서로 겹쳐 둔 의복(衣, 기누)은 남녀가 헤어질 때 떨어지게 되므로 '기누기누노 와카레(後朝の別れ)'라고 했다. 당시에는 신분이 높은 사람이라도 다다미와 같은 물건 위에 요 대신 얇은 깔개를 깔고 그 위에 누워 이불 대신 보통 때 입고 있던 기모노를

---

[69] "탄식하셨다니 지당하십니다. 만일 저를 사랑하고 계신다면 밤중에 와서 자지도 않고 돌아가시는 일이 있을까요?"

덮어 사용했다.

모노가타리 38단에는 몇몇 사정으로 남성이 귀가 후에 '기누기누노 후미'를 보내지 않고 이튿날 밤에도 다시 방문하지 않아 자존심에 큰 상처를 입고 이를 비관해 비구니가 된 여자가 등장한다.

11단 맺지 못한 사랑(実らぬ恋)

또 이 남자에게는 연서를 주고받던 여자가 있었는데, 만나지 못하고 세월만 흐르자 남자가 노래를 읊어 보냈다.

오직 나만이 타오르는 것인가 언제까지나
연기만 피워 대는 후지산과 같구나
われのみや 燃えてかへらむ よとともに
思ひもならぬ 富士の嶺のごと[70]

여자의 답가

후지산 위에 태우지 못한 생각 불태우세요
신조차 끌 수 없는 덧없는 연기이니
富士の嶺の ならぬ思ひも 燃えば燃え
神だに消たぬ むなし煙を[71]

---

[70] "나 홀로 항상 격정적인 마음에 불타오르고 있는 것인가요? 불을 피우지 못하고 영원히 연기만 내는 후지산처럼 소원을 이루지도 못하고."
[71] "후지산처럼 타오르지 못하고 연기만 피운다고 하시는데, 당신 원

그러자 다시 남자가 노래를 보냈다.

신이 아니라 그대가 꺼 주세요 누구 때문에
살아 있는 육신을 태우는지 아시죠
神よりも 君は消たなむ たれにより
なまなまし身の 燃ゆる思ひぞ[72]

이에 대한 여자의 답가

마르지 않은 몸을 태운다지만 도리 없지요
물이 아닌 저로선 끌 방도를 모르니
かれぬ身を 燃ゆと聞くとも いかがせむ
消ちこそしらね みづならぬ身は[73]

대로 불태우세요. 실체도 없는 연정은 내게 어찌할 도리 없는 일입니다. 후지산의 덧없는 연기는 신조차 끄지 못하지요."

[72] "신 운운하지 말고 그대가 꺼 주세요. 도대체 누구 때문에 생살이 타는 것 같은 괴로움을 겪고 있는지 알지 않습니까?"

[73] "마르지 않은 몸을 태운다고 말씀하셔도 어찌할 도리가 없습니다. 저는 물이 아니니까요. 만나지도 못하는 처지이니 끌 방법이 없습니다."

이런 식으로 답가도 잘 보내오고 재기(才器)도 있었지만, 여자는
 "진지하게 생각해 보니 어울리지 않는 사이입니다"
하고 편지 왕래를 끊어 버렸다.

12단 무책임한 말(なおざりごと)

또 이 남자에게는 그다지 마음에 두지 않고 연문을 써 보내는 곳이 있었다. 어느 여름밤 일이다. 달빛 정취에 취해
 "지금 그쪽으로 갑니다"
하고 편지를 보내자 여자는 이렇게 써 보냈다.

두견이란 새 그 어느 마을인들 찾지 않을까
머무는 곳 많다니 기대하지 않아요
ほととぎす いづれの里を 見ざりけむ
あまたふるすと 聞けば頼まず[74]

남자가 답가로

두견새라면 드나드는 마을이 많을 테지만

---

[74] "두견이란 새가 어딘들 찾아가지 않은 곳이 있을까요. 어디라도 쉽게 친숙해졌다가는 이내 버리고 다른 곳을 날고 있다는데. 나도 그런 상대 중 하나라고 생각하니 당신을 믿을 수 없습니다."

난 두견이 아니니 뭐라 답해야 할지
鳴きふるす 里やありけむ ほととぎす
わが身ならぬを いかが答へむ[75]

라고만 써 보내고는, 원래부터 그리 마음에 두고 있던 것도 아니어서 거기서 관계를 끝내 버렸다.

작품 해설

멋쟁이 청년을 휘파람새나 두견새에 빗댄 이야기다. 여성의 마음을 잡아끈 말쑥한 자태와 한 여성에서 또 다른 여성에게로 옮겨 다니는 남성의 바람기에 여자는 가벼운 탄식과 원망을 담아 노래를 부른다. 남자를 동경해서 교제를 시작했지만, 아무래도 아직 화상을 덜 입었을 때 그만두려는 여자의 자기방어 본능이 드러나 있다.

두견새(ほととぎす)는 휘파람새(うぐいす), 기러기(かり)와 함께 와카에 빈번히 등장하는 새다. 4월에는 산이나 산골에 머물다가 5월이 되면 인가로 내려와 우듬지에서

---

[75] "두견새라면 벌써 드나드는 마을이 있겠지만, 나는 두견새처럼 그런 바람둥이가 아니니 뭐라 답변하면 좋을까요?"

날카로운 소리로 운다. 《만엽집(万葉集, 만요슈)》 3권 423 번에는 야마사키노 오키미(山前王)가 읊은 조카(長歌)가 수록되어 있는데, 그중에 '두견새 우는 오월에는 붓꽃과 작은 귤꽃을 목걸이에 꿰어서 장식물로 할까나(ほととぎす 鳴く五月には 菖蒲草 花橘を 玉に貫き かづらにせむと)'라는 노래가 보이며,《고금와카집》 3권 여름 노래 140번의 읊은 이를 모르는 '어느 틈엔가 오월이 와 있었네 아시히키의 산 두견새 내려와 오늘에야 우는가(いつの間に 五月来ぬらむ あしひきの 山時鳥 今ぞ鳴くなる)' 등의 와카를 통해서 두견새의 방문을 기다렸다가 첫 울음소리를 듣는 것이 당시의 큰 관심사였던 것을 알 수 있다. 또한 귤꽃이나 등꽃, 창포 등과 결합해《만엽집》 3권에는 오토모노 다비토(大伴旅人)가 읊은 '귤꽃이 지는 마을의 두견새는 짝사랑으로 홀로 마음에 두고 우는 날이 많구나(橘の 花散る里の 時鳥 片恋しつつ 鳴く日しぞ多き)'와 같은 와카와,《고금와카집》 3권 여름 노래 164번 와카로 수록된 오시코치노 미쓰네(凡河内躬恒)의 '저 두견새는 나와는 다를진대 덧없는 꽃의 시름 많은 세상에 계속 울고 있구나(時鳥 我とはなしに 卯の花の 憂き世の中に 鳴きわたるらむ)'처럼 읊어져, 장맛비 내리는 밤이나 동트기 전 아직 밤이 깊은 시각에 운다고도 알려져 있으며, 두견새의 울음

소리를 들으면 시름이나 추억에 잠기게 된다는 의미로도 사용된다.

또한 장소를 가리지 않고 울어서 많은 사람에게 정을 주는 바람둥이 새로 등장하기도 한다. 남녀 관계를 두견새에 빗대어 읊은 와카가 다수 발견되는데, 예를 들어 《고금와카집》의 3권 여름 노래 147번 와카 '호토토기스 그대가 우는 마을 너무 많아서 역시 꺼려집니다 마음에는 있지만(ほととぎす ながなくさとの あまたあれば 猶うとまれぬ 思ふものから)' 등이 그것이다. 여기저기 다수의 여성과 정을 통하면서 자신이 있는 곳에는 오지 않는 사람을 원망하면서도 미워할 수 없는 존재로 묘사하는 경우가 많다.

13단 칠석(七夕)

　이 남자가 한 여자와 열심히 편지를 주고받고 있었다. 그러는 사이에 7월이 되었다. 남자가 7일 가모가와(鴨川) 강가에 나와 한가로이 거닐고 있었다. 그런데 딱 한 번 꿈처럼 덧없는 만남이 있고 나서 그날을 마지막으로 두 번 다시 마주치는 일 없이 안부 편지만을 간혹 주고받던 여자가 탄 우차(牛車)가 다가와 강가에 멈춰 서는 것이었다. 남자를 수행하는 사람들이 이를 발견하고는
　"아, 그분이다!"
말하는 것을 듣고 남자는
　"이렇게 가까이에서 뵐 수 있으니 어찌 이리 기쁜지. 이런 일이야말로 칠석날 견우와 직녀가 만나는 은하가 아닐까 생각했습니다"
이런 이야기를 수행원에게 전하게 했다.

　　오늘 저녁은 내가 견우가 되어 보려 합니다
　　날 저물면 은하를 건너야 하겠지요
　　彦星に 今日はわが身を なしてしか
　　暮れなば天の 川渡るべく[76]

그런데 우차의 옆자리에 어렵게 여기는 사람들이 동승하고 있었던 것일까? 여자는 남자가 보낸 와카를 보기는 했지만, 답가는 읊어 보내지 않고, 다만
 "날이 저물면 그곳으로"
라고 말하고는 우차를 출발시켰다. 그 후 남자는 왜 이리 날이 저물지 않는 것인지 마음을 졸이다가 서둘러 집을 나서서 여자에게로 가 밤을 함께했다. 이튿날 8일 이른 아침 남자는 집으로 돌아와 노래를 읊어 보냈다.

오늘 밤 다시 은하수를 건너려 여울을 찾아
너른 하늘 헤매요 설레는 마음으로
天の川 今宵もわたる 瀬もやあると
雲の空にぞ 身はまどふべき[77]

76) "오늘은 1년에 한 번 견우가 직녀를 만나는 칠석날입니다만, 그 후로 오랫동안 만나지 못한 저로서는 오늘 밤에는 견우가 되고 싶습니다. 날이 저물면 은하를 건너는 만남이 있기를."
77) "오늘 밤도 다시 은하를 건너지 않겠습니까? 한 번 더 당신을 만날 수 있지 않을까 해서 은하의 얕은 곳을 찾아 너른 하늘을 헤매듯 좋은 방도가 없을지 마음이 어수선하고 들떠 있습니다."

이에 여자가

칠석의 만남 핑계 삼아 만났다 헤어졌는데
무엇을 핑계 삼아 만나려 하십니까
七夕の あふ日にあひて 天の川
たれによりてか 瀬をもとむらむ78)

하고 읊어 보냈다. 세간을 무척 신경 쓰는 여자였기에 남자는 성가시게 생각해 더 이상 만남을 이어 가지 않았다.

작품 해설

7월 7일, 남자가 이전에 어렵게 한 번 만나고 오랫동안 만나지 못한 여자가 가모가와(鴨川) 강변으로 우차를 타고 나온 것을 발견한다. 남자는 직녀(織姫, おりひめ)와 견우(彦星, ひこぼし)가 1년에 한 번 은하(天の川)를 건너 만난다는 전설을 핑계 삼아 만나자는 노래를 읊어 보냈고

---

78) "견우와 직녀의 만남을 핑계 삼아 만났으면서 그 칠석날조차 헤어졌는데 여드렛날 밤, 오늘은 누구를 핑계 삼아 만나자고 하는 것입니까?"

뜻한 바를 이룬다. 그러나 남자가 다음 날도 만날 것을 요구하자, 여자는 직녀와 견우는 1년에 한 번밖에 만나지 못하는데 이를 핑계로 이미 만났으니 다시 만날 구실이 없다는 답장을 보낸 것이다.

14단 마타리(女郞花)

또 이 남자가 친구들과 여럿이서 외출했다가 날이 저물어 돌아오는데 한 친구가 이렇게 말했다.
"노래를 읊는 자라는 세간의 평판도 있을진대, 이렇게나 여럿이서 왔으면서도 와카 한 수 읊지 않고 돌아가는 일이 또 있을까? 여기 이 꽃은 아무리 오래 봐도 질리지 않는데, 그냥 돌아가야 하는 아쉬운 마음을 노래로 읊어 보는 게 어떤가?"
하니, 어떤 이는
"하긴 그렇네"
라고 하고, 또 어떤 이는
"맞는 말씀이네요"
라 말하며 모두 가까이 다가와, 먼저 헤이추가

꽃 칭송치 않고 어찌 돌아가는가 마타리꽃이
무성한 들판에서 자고 가야 하는데
花にあかで なに帰るらむ 女郞花
おほかる野べに 寝なましものを[79)]

하고 읊었다. 곁에 있던 다른 사람들도 노래를 읊었다.

작품 해설

　마타리(おみなえし)는 가을을 대표하는 일곱 가지 화초(七草) 중 하나로 어린잎은 나물로 먹는다. 일본에서는 보통 8~10월에 종 모양의 노란 꽃이 핀다. 나라 시대에 편찬된 《만엽집》 8권 1538번은 야마노우에노 오쿠라(山上憶良)가 읊은 와카인데, 가을의 일곱 가지 화초를 소재로 한 노래다. '싸리꽃(萩の花), 참억새(尾花), 칡(葛花), 패랭이꽃(瞿麦の花), 마타리(女郎花), 향등골나무(藤袴), 나팔꽃(朝貌の花)'이 그것이다. 읊은 이를 알 수 없는 《만엽집》 10권 2115번 와카에는 '손으로 들면 소매까지 물드는 오미나에시 하얀 이슬 때문에 지는 것이 아쉬워(手に取れば袖さへにほふ女郎花この白露に散らまく惜しも)'처럼 동양적인 아름다움과 세련된 감각이 낭만적으로 표현되고 있다. 마타리의 꽃말은 '나는 당신을 위해서는 지

---

79) "마음 가는 만큼 꽃을 다 칭송하지 못했는데 어찌 돌아가는 것인가? 마타리가 활짝 피어 있는 이 들판에서 잠들고 싶은데. 아름다운 여자가 있는 곳에서 자고 가야 하는데."

극히 유순한 여자입니다'로, 본 모노가타리 안에서도 마타리(おみなえし)를 여인에 비유하고 있다.

15단 흔들리는 여심(揺れる女心)

또 이 남자에게는 오랫동안 편지를 주고받던 여자가 있었다.

"못 본 지 꽤 시간이 많이 지나 편지가 아니라 직접 찾아뵐까 합니다"

하고 전하자 여자가 답신으로 노래를 읊어 보냈다.

만나기 힘든 도토미80) 지방 사는 신세이기에
나코소의 관조차 지날 틈이 없어요
あふことの 遠江なる われなれば
勿来の関も みちのまぞなき81)

이에 남자가 읊어 보냈다.

---

80) 도토미(遠江, とおとうみ)는 옛 지명으로 지금의 시즈오카(静岡)현 서부를 가리키며 엔슈(遠州)라고도 불렀다.
81) "멀고 먼 도토미에 있어 뵐 수 있을 것 같지 않은 저로서는 나코소(勿来)의 관(関)을 통과할 틈도 없습니다. 아무래도 만나 뵐 방법이 없습니다." 관(関)은 지방과 지방 사이나 교통의 요충지에 설치해 통행하는 사람과 물건 등을 검사하는 곳을 말한다.

나코소라는 관을 가로로 놓아 차단치 말고
가까이서 만나는 그대가 돼 주세요
勿来てふ 関をばすゑて あふことを
ちかとうみにも 君はなさなむ[82]

이렇게 희망하지만, 여자가 도무지 만나려 하지 않고 상류 여자처럼 도도하게 굴어 남자는 심기가 불편해져 편지를 보내지 않고 있었다. 그랬더니 어찌 생각한 것인지 여자는 이런 노래를 읊어 보냈다.

당신을 향해 애태우던 마음은 찬 바람 일어
기대하던 말들은 허무히 부서지나
思ひあつみ 袖こがらしの 森なれや
頼む言の葉 もろく散るらむ[83]

---

[82] "'나코소'라는 이름의 관을 두어 '오지 마'라는 식으로 말하지 말고 도토미(멀어 만나기 힘든 몸)가 아니라 지카토미(가까워 만나기 쉬운 몸) 가까이서 만날 수 있도록 해 주세요."
[83] "당신을 향해 연심을 불태우고 있는 저의 가슴은 초겨울 고가라시 숲의 그 찬 바람으로 인해, 의지하고 있던 당신의 말씀이 허무하게 부서지고 있는 것입니까? 소식이 없는 것은 그 때문입니까?" '생각'을 의

남자의 답가

그대 사모해 나야말로 가슴은 고가라시의
숲처럼 애가 달아 그림자로 야위오
君恋ふと われこそ胸は こがらしの
森ともわぶれ 影となりつつ84)

작품 해설

　도토미(遠江)는 지금의 시즈오카(静岡)현 서부의 지방으로, 지금의 시가(滋賀)현에 해당하는 당시의 오미(近江, おうみ) 지방에 대응하는 지명으로 사용된다. 이 도토미

미하는 '오모히(思ひ)'의 '히(ひ)'에는 '불(火)'의 의미가 포함되어 있다. '아쓰미(あつみ)'는 뜨거운 가슴속 생각의 불로 가슴에 가져다 댄 소매가 탄다는 의미다. '고가라시(こがらし)'는 늦가을에서 초겨울에 걸쳐 부는 찬 바람(木枯らし)에 애를 태운다는 의미의 '고가라시(焦がらし)'를 중첩해서 사용하고 있다. '고가라시의 숲(木枯らしの森)'은 스루가 지방(駿河国)의 지명이다.
84) "그대를 사모하는 마음에 저야말로 가슴은 고가라시의 숲, 애태우고 애태워 심히 애달파 그림자처럼 야위어 갑니다."

(遠江)가 와카에서 사용될 때는 '멀다'라는 의미의 '도이(遠い, とおい)'와 '만나는 몸'이라는 의미의 '오미(逢う身, おうみ)'를 중의적으로 사용한다.

나코소관(勿来の関)은 옛날 히타치(常陸) 지방에서 미치노쿠(陸奥) 지방으로 가는 해안 길에 있던 관소(關所)로, 현재 후쿠시마(福島)현과 이바라키(茨城)현의 경계에 유적지가 있다.

와카 안에서 나코소(勿来)는 '오지 마'라는 의미의 '나코소(な来そ)'를 중첩해서 사용하고 있다.

16단 연인인 여자들(恋人の女たち)

또 이 남자에게는 이런저런 기회로 자주 소문으로 들어서 알고 있는 여자가 있었다. 그 사람은 이 남자와 전부터 관계가 있던 여자의 친구였기 때문에, 편지를 쓰려 해도 왠지 거북한 생각이 들어 망설이고 있었다. 그러던 차에, 전 여자가 자신을 헐뜯고 다닌다는 이야기를 듣고 남자는 새로운 여자와 겨우 편지를 왕래할 수 있었다. 그리고 얼마 지나지 않아 관계를 맺었다. 그리고 다음 날 아침 여자가

> 귀로만 듣던 누구나 건넌다는 만남의 여울
> 저도 빠지지 않고 건너게 되었네요
> 音にのみ 人の渡ると 聞きし瀬を
> われものがれず なりにけるかな[85]

---

[85] "소문으로만 듣고 있던 누구나가 건넌다는 남자와 여자의 만남의 여울을 저도 벗어나지 못하고 건너게 되었습니다." 여울은 일본어로 '세(瀬, せ)'라고 하며, 이것은 강의 바닥이 얕아 걸어서 건널 수 있는 곳을 말한다. 여기서는 남녀가 은밀히 만난다는 의미의 '오세(逢瀬)'의 의미로 사용되고 있다.

이렇게 읊어 보내자 남자는

    삼도의 강을 어찌 건너지 않고 지나치겠소
    소문으로만 듣고 끝낼 작정이었나
    渡り川 いかでか人の のがるべき
    音にのみやは 聞かむと思ひし[86]

라고 써 보냈다. 그런데 그 후는 어떻게 되었으려나?

---

[86] "사람이 삼도의 강을 어떻게 건너지 않고 지날 수 있겠습니까? 그 저승으로 가는 길을 안내하는 처음 남자와의 만남의 여울을 소문으로만 듣고 끝낼 작정이었습니까? 나와의 관계에서 도망칠 수 있을 것으로 생각하셨습니까?"

17단 억새 풀숲에 숨긴 승려(花すすきの中の僧)

 또 이 남자에게는 꽤 흥미로운 일로 만남을 시작한 여자가 있었다. 깊은 관계로 발전하고 나서 사나흘 정도 지난 어느 날 피치 못할 사정이 생겨 여자가 있는 곳으로 다닐 수 없게 되었다. 그런 까닭에 심히 그리워 달이 아름다운 어느 날 밤 그 여자네 집으로 향했다. 도착해서 서둘러 말에서 내려 달려가 마당 안을 엿보고 있는데, 정원수가 늘어선 곳에 시녀들이 나와 한데 모여 있었다. 남자가 이 광경을 흥미롭게 여겨 그곳으로 다가가자 시녀들은 수군거리며 툇마루로 올라가 버렸다. 남자는 시녀들 속에 몸을 숨기지 않으면 안 되는 주인 격의 여자가 있을 것으로 여기고 정원수가 무성한 곳에 멈춰 섰다. 그리고 가만히 보고 있는데 시녀 하나가 다가왔다. 남자는 자신이 있는 곳으로 오는 것이려니 하고 보고 있으려니까 남자가 있는 곳으로 오지 않고, 억새가 무성하게 떼 지어 나 있는 쪽으로 가서는 얼마 동안 돌아가려고 하지 않았다. 남자는 이를 의아하게 여겨 몰래 풀숲에 숨어 살펴보고 있었다. 그랬더니 도대체 이게 웬일인가, 승려를 숨기고 있었던 것이다. 그곳으로 여자가 무언가 전언을 보낸 것 같았다. 그러

고는 남자가 가만히 서 있는 곳으로 와서는

"어찌 이런 곳에 서 계세요? 어서 들어가세요"
하고 말하며 편지 한 통을 건넸다. 그러자 남자는

"지금 바로 가겠습니다. 정원이 너무 아름다워 나무로 그늘진 곳을 둘러보고 있었습니다"
하고 말하면서도 여전히 그 자리에 서서 보고 있었더니 여자는 승려가 있는 곳으로 끊임없이 심부름꾼을 보내는 것이었다. 그래서 이 남자는 자신의 종자에게 그 승려를 붙잡게 할까도 생각했다. 하지만 자신이 다니기 시작한 지 얼마 지나지도 않았고, 게다가 전부터 드나드는 남자라면 곤란하기도 하고, 또 자신보다 나중에 다니기 시작한 남자라고 해도 이런 한심한 여자 때문에 소란을 피워 하찮은 일로 샛서방 취급이나 당한다고 소문이 나지 않을까 등등, 이런저런 생각을 하며 계속해서 서 있으려니까 여자가 와서

"어서 이쪽으로 이쪽으로"
하고 안으로 불러들여 구슬리려고 하는 것 같았다. 여자는 말을 전하는 시녀를 시켜 상황을 요령 있게 얼버무리려 했지만, 이번에 부르러 온 시녀에게 남자가

"붓에 먹물을 묻혀 가지고 오시오"
하고 말하자 시녀는 남자가 말한 대로 붓을 가지고 왔다.

그러자 남자는 품속에 접어 넣어 두었던 종이를 꺼내 노래를 읊어 적고

"그분에게 우선 이것을 전해 주세요, 알겠습니까? 잊지 마세요"

하고 여자에게 전하게 했다.

이삭 흔들어 소란 피우지 마오 꽃 핀 억새여
도대체 누구에게 안기려는 것인가
穂にでても 風に騷ぐか 花薄
いづれのかたに なびきはてむと[87]

그러고는 답신도 기다리지 않고 속히 그 집을 나와 버렸다. 그 일이 있은 뒤로 남자는 여자에게 완전히 싫증을 느껴 편지도 보내지 않았다.

---

[87] "바람에 이삭을 흔들어 대는 꽃 핀 억새처럼 또렷이 사람의 눈에 띌 때까지 소란을 피우실 작정입니까? 어느 쪽 남자의 품에 안기려 하는 건가요?"

작품 해설

 승려는 원칙적으로 계율에 의해 여성과의 성행위가 금지되었다. 이성은 승려의 수행에 방해가 되는 부정한 존재로 여겼다. 계율을 어기고 성적 관계를 맺으면 '여범(女犯)'으로 엄중히 다스렸다. 지금도 계율(戒律)의 율(律)에서는 성관계를 갖는 것은 물론, 이성과의 접촉을 인정하지 않는다. 따라서 불교의 '구족계(具足戒)'나 '청규(淸規)' 등의 사법(寺法)뿐 아니라 '승니령(僧尼令)'에 의해서도 승려의 이성간 성적 교섭은 범죄 행위로서 메이지 유신 무렵까지 엄하게 다스렸다. 그러나 이 규제는 시대별로 보면 일관적이라고 하기 어렵고, 파계승(破戒僧)의 경우 나라 시대나 에도 시대에는 정치적 상황 등에 따라 비교적 엄중하게 규제되었지만, 가마쿠라 시대나 무로마치 시대에는 규제가 느슨해 승려임에도 공공연하게 처를 두어 일반인과 다르지 않은 생활을 영위하는 자가 많았다. 즉, 그 규제의 정도는 정치 체제에 영향을 받았다고 볼 수 있다.

 모노가타리의 배경이 된 헤이안 시대, 중국 천태종 지현(智顗)의 교설을 수입한 일본 천태종의 사이초(最澄)는 여성과의 성적 교섭을 일절 금하는 율(律)을 비롯한 상좌부(上座部) 불교의 계율을 모두 폐하고 대승 불교의 교훈인 보살계(菩薩戒)만을 지키도록 했다. 보살계 등만을 수지(受持)하는 종파에서는 육식과 아내를 두는 것은 자율이었으며, 다른 사람으로부터 처벌받는 타율(他律) 대상에서 벗어나게 되었다. 천태종의 흐름을 이은 가마쿠라 불교의 많은 종파도 이 방침에 따랐고, 청규(清規) 등의 사법이나 승니령 등 나라의 규제는 있었지만, 아내를 두는 일이 가능해 속인과 다를 바 없는 생활을 영위하는 승려가 많았다.

18단 미덥지 못한 편지 전달자(たよれぬ文使い)

또 이 남자는 그런 일이 있고 나서, 어딘지 얼이 빠진 모습을 하고 있어 그다지 믿을 만한 사람이라고 할 수는 없지만, 그래도 연애편지를 상대에게 전해 줄 연고가 있는 사람을 믿고 고위 관리의 딸에게 구애를 하고 있었다. 남자는 여자가 자신을 어떻게 생각하는지 마음을 졸이며 기다리고 있었는데, 두세 번 정도 편지를 주고받고 난 후 상대방 여자로부터 전혀 답장이 없어 남자가

애를 태우는 일은 괴롭습니다 해초 조각을
태운 연기가 구름 되듯이 기대하오
身を燃やす ことぞわりなき 梳く藻火の
煙も雲と なるを頼みて[88]

---

[88] "사랑에 애가 타 몸을 불사르는 것은 참으로 괴로운 일입니다. 해초의 부스러기를 태워 나는 연기조차 이윽고 하늘로 올라 구름이 되는 것처럼 고귀한 신분의 그대에게도 언젠가 내 마음이 전달될 것을 기대합니다."

라는 노래를 읊어 보냈지만, 어찌 된 일인지 답신이 없었다. 그래서 그 남자는 편지를 전한 사람을 만나

"갑자기 답장이 끊어졌는데, 저의 무슨 안 좋은 소문이라도 들으신 걸까요?"

하고 묻자, 편지를 전한 사람이

"특별히 무슨 일이 있어서가 아닐 것입니다. 소중히 보호받고 귀하게 받들어 모셔지는 분이시라…"

하고 대답해서 귀한 집 따님이라 그런 것이려니 하고 남자는

"그렇다면 적당한 기회에 편지를 드릴 수 있도록 해 주시오"

하고 마음속에 간직한 이런저런 생각을 글로 써서 편지를 전하는 자에게 건네자

"그렇게 하지요"

라 말하며 받아 갔는데, 이번에도 답신을 주지 않아서 남자는 다시 한번 노래를 읊어 보냈다.

쓸어서 버릴 마당의 쓰레기로 쌓여 있겠죠
읽어 주는 이 없는 내가 보낸 글들은
はき捨つる 庭の屑とや つもるらむ
見る人もなき わが言の葉は[89)]

이런 원망 어린 글을 써 보냈지만, 여기에 대한 답장도 없어서 또다시

가을바람에 불려 되돌아오는 칡 낙엽처럼
원망 또 원망해도 역시 원망스럽소
秋風の うち吹き返す 葛の葉の
うらみてもなほ うらめしきかな[90]

이렇게 끊임없이 편지를 보냈지만, 도통 답장을 받을 수 없었다. 도대체 어떻게 된 것인지 상황을 이상하게 여긴 남자는 여자에게 편지를 명확히 전달해 줄 사람이 없을까 수소문했다. 처음부터 편지를 맡긴 그 사람은 원래부터 다소 얼이 빠진 데가 있었기 때문에, 아무튼 꾸짖지는 않고 이번에는 진지하고 세심하게 편지를 제대로 전달해 줄 사람을 찾고 있었다. 그런 중에 그 여자의 한 시녀가 남자

---

[89] "쓸어 버리시는 마당의 쓰레기가 되어 쌓여 있는 것이겠지요. 읽어 주는 이도 없는 나의 편지는."

[90] "가을바람에 불려 반대 방향으로 되돌아오는 칡의 낙엽처럼 원망 또 원망해도 역시 그대의 처사가 원망스럽소."

에게

"어지간히 미덥지 못한 사람에게 편지를 맡긴 것 같군요. 그 사람은 이쪽 사정도 제대로 파악하지 못하고 있을 거예요. 저희도 보고 있었기에 알고 있습니다. 처음에는 답장을 쓰고 있던 것으로 알고 있습니다만, 중간에 편지를 대필하는 자가 다른 곳으로 가 버리는 바람에 내심 그리워하면서도 답장을 쓸 수 없었던 것입니다. 당사자는 글씨도 몹시 서툴고 와카도 읊지 못합니다. 애석하네요, 애써 훌륭한 노래를 여러 수 읊어 보내셨는데"

이렇게 말하는 것이었다. 신분이 높은데도 편지조차 쓰지 못하는 사람이었다. 그 이야기를 듣고 연서를 써도 소용없는 일이라 생각해 그만두었지만, 나중에 들으니 그 귀한 집 따님은 이렇다 할 연애도 해 보지 못하고 어떤 남자에게 시집가 한 집의 주부가 되었다고 한다.

작품 해설

　헤이안 시대 귀족 계급의 연애에서, 미혼인 딸들은 저택의 깊은 곳에서 소중히 양육되어, 특별한 상황을 제외하면 예고 없이 이성과 직접 만나 대화하는 일은 없었다. 남성은 여성의 소문이나 평판을 듣고 와카와 편지를 써 보낸다. 그리고 여성은 남성을 받아들일지 받아들이지 않을지를 답가로 전한다. 그런데 와카라고 하면 헤이안 귀족의 필수 교양 과목과 같은 것이었다. 《고금와카집》 총 20권의 약 1100수에 달하는 와카를 암기하는 등, 고금의 와카에 정통해 있지 않으면 교양이 없다고 간주되어 귀족의 체면을 유지하기 쉽지 않았다. 다시 말해서 그 사람의 수준을 편지로 판단하기 때문에 모처럼 맞이한 사랑도 와카나 글씨가 신통치 않으면 퇴짜를 맞을 수밖에 없었다. 여성의 경우 자신의 약점을 보이고 싶지 않아 아버지나 형제가 초안을 잡아 주거나 교양 있는 시녀가 대필하는 일도 빈번했다. 즉, 얼굴도 모르는 남녀 간의 와카 증답은 의사소통의 수단이기도 했으며 상대의 내면을 측량하는 수단이기도 했다.

본 모노가타리에서 호색가 헤이추는 와카를 읊지 못하고 글씨도 서툰 여자의 경우 편지를 대필해 주는 시녀가 없으면 답가를 쓸 수조차 없다는 사실을 예상하지 못한 것 같다.

19단 국화 도둑(菊盜人)

 또 이 남자의 집에서는 자신의 취향을 잘 살린 정원을 꾸미고 있었는데, 아름다운 국화를 비롯해 많은 화초를 심었다. 그러던 어느 달 밝은 밤, 지키는 사람이 없는 틈을 타 어느 집 시녀들인지 몰려 들어와 정원의 화초를 감상하다가 국화 중에서 다른 꽃에 비해 키가 유난히 커 눈에 띄는 꽃에다가 다음과 같은 노래를 읊어 묶었다.

 지나쳐 가기 힘들어 사람들이 모여들어요
 꽃이 진정 꽃다운 집인 것 같습니다
 ゆきがてに むべしも人は すだきけり
 花は花なる 宿ぞありける[91]

 이렇게 써 묶고 모두 돌아갔다. 이것을 본 주인 남자는 행여 다시 와서 꽃을 꺾어 가지는 않을까 염려되어 꽃 사이에 팻말을 세워

---

[91] "그냥 지나쳐 가기 힘들어 사람이 모여드는 것은 당연한 일입니다. 이곳이야말로 꽃이 꽃이라고 불리기에 합당한 주거입니다."

우리 집 꽃은 이미 심을 때부터 생각이 있어서
지키는 사람 없이 사람이라 여기오
わが宿の 花は植ゑしに こころあれば
守る人なみ 人となすにて[92]

라고 써 두었다. 그리고 다시 꺾으러 올지 몰라 식솔에게 주의해 살피게 했다. 그런데 한눈을 팔고 있는 사이에 다른 집 시녀들이 꽃을 꺾어 가 버렸다. 유감스럽게도 주인의 바람은 받아들여지지 않은 채 그렇게 끝나 버렸다.

작품 해설

남자와 여자들이 국화를 매개로 와카를 주고받는 이야기다. 당시 '국화를 가꾸는 일'은 제2차 세계 대전 이전 서양에서 유행하던 '장미를 가꾸는 일'과 유사한 취미거리였다. 국화는 중국에서 유래한 꽃으로 당시로서는 쉽게 손

---

[92] "우리 집 꽃은 심을 때부터 주인의 특별한 생각이 있었기 때문에 지키는 사람을 두지 않고 국화꽃을 그냥 사람이라 생각하고 있습니다. 이 꽃을 칭송하는 사람은 꽃에 어울리는 사람이라 할 수 있겠지요."

에 넣을 수 있는 꽃은 아니었다. 《관가후집(菅家後集, 간케코슈)》에는 할 일 없는 무료한 유배지 쓰쿠시(筑紫)에서 국화의 모종을 손에 넣은 기쁨을 노래하는 와카가 확인된다. 쓰쿠시는 외교의 요충지이기에 민가에 모종이 있었던 것이다. 교토에서 대나무로 만든 고가의 의자를 선물받고 기뻐하는 스가와라노 미치자네(菅原道真)의 이야기와 흡사한 내용이다. 국화를 정원 가득 피우려는 황족 출신의 청년 귀공자의 집, 국화 향기가 감도는 달 밝은 밤, 정원을 조용히 헤집고 들어간 여자들이 길쭉하게 뻗은 한 줄기의 꽃에 노래를 읊어 붙인다. 한 폭의 그림 같은 장면이다. 왕조의 가인들은 자기 자신도, 그 정돈된 배경도, 그곳에서 마음 가는 대로 하는 행위도, 읊는 노래도, 모두 근사하게 꾸며 미적 세계로 승화시키려는 의도가 있었던 것 같다.

20단 국화의 번영(菊の栄え)

또 이 남자가 상황(上皇)의 부르심으로
"앞뜰에 국화를 심으려고 하신다. 아름다운 국화를 진상하라"
는 명령을 받고 퇴궐하려고 하는데, 다시 부르셔서
"그 국화를 올릴 때 노래를 붙여 올리지 않으면 받지 않을 것이다"
이렇게 말씀하셔서 남자는 삼가 받들고, 궁을 나와

    가을 외에도 번영의 시절 있네요 국화라는 꽃
    제철이 지났는데 더욱 아름다우니
    秋をおきて 時こそありけれ 菊の花
    うつろふからに 色のまされば[93]

라고 노래를 읊어 올렸다.

---

[93] "국화꽃은 가을이 지났는데도 지금 다시 한번 번영의 시절이 있는 것이었네요. 시절이 지나 색이 변해도 한층 더 아름다우니."

작품 해설

　헤이안 시대에는 와카를 중심으로 하는 교류가 성행했다. 입으로 와카를 읊어 그것을 대화의 매개로 사용하기도 하고, 와카를 글로 써서 상대에게 보내기도 했다. 그런데 이렇게 쓴 와카를 보낼 때는 계절에 어울리는 식물의 가지나 꽃, 잎 등을 곁들이는 풍습이 있었다. 와카에 곁들이는 식물을 '후미쓰키에다(文付枝)'라고 불렀다. '편지에 붙인 가지'라는 의미다. 편지를 어떤 색깔의 종이에 쓸 것이며, 어떤 식물에 붙여 보낼지에 따라 자신의 마음을 다양하게 표현할 수 있었다. 다시 말해서 입으로는 표현할 수 없는 기분이나 감정을 후미쓰키에다를 사용해 인상적으로 전달할 수 있었던 것이다.

　문학 중에는 '물건의 가지(物の枝)'나 '나무의 가지(木の枝)'라고 기술해 그 종류를 명시하고 있지 않은 작품이 많다. 조사 결과 대체로 소나무와 매화, 대나무(조릿대 포함)가 많이 발견된다. 본 모노가타리에 보이는 국화도 다수 확인되는데, 국화는 줄기가 단단해서 '가지(枝)'로 취급되고 있었던 것 같다.

21단 국화와 노인(菊と翁)

 이 남자의 집으로 구니쓰네(国経)[94] 대납언의 저택에서 그리 대수롭지 않은 용무를 내리셔서 답신을 드리고자 아름다운 국화를 편지에 붙여 보내 드렸다. 그러자 남자가 무슨 노래를 읊은 것인지 대납언의 회신에

 몇 대를 거친 늙은 노구이지만 지팡이 짚고
 꽃이 피는 선향에 가 보고 싶소이다
 御代を経て 古りたる翁 杖つきて
 花のありかを 見るよしもがな[95]

라는 노래가 쓰여 있어 답신으로 읊어 보낸 노래

---

[94] 헤이안 시대 초기의 귀족인 후지와라노 나가라(藤原長良)의 자식. 도키히라(時平)의 백부. 902년 75세 때 대납언에 임명되었고, 81세로 일기를 마쳤다. 세이와(清和), 요제이(陽成), 고코(光孝), 우다(宇多), 다이고(醍醐) 다섯 천황을 시중들었다.

[95] "몇 대에 걸쳐 천황을 시중들어 완전히 나이를 먹은 노인이지만, 지팡이를 짚고서라도 이렇게 근사한 꽃이 피어 있는 선향(仙郷)에 가 보고 싶구나."

지나는 길에 당신이 들르시면 정원 잡초에
섞여 핀 국화꽃도 향기를 더하겠죠
たまぼこに 君し来寄らば 浅茅生に
まじれる菊の 香はまさりなむ[96]

작품 해설

국화는 나라 시대(奈良時代)에 약용과 관상용 식물로 일본에 전래되었다. 헤이안 시대에 이르러 그 아름다움과 약효가 귀족 사이에서 애호되어 음력 9월 9일의 명절 '중양절(重陽の節句)'이 '국화 명절(菊の節句)'로 불리게 되었다. 국화에는 예전부터 사악한 기운을 쫓아 번영을 가져오는 힘이 있다고 여겨져 중양절에는 국화를 장식하고 국화주(菊酒)를 마시며 무병장수를 기원했으며, 장수를 기원하는 선물로도 애용되었다.

또한 불로장수라는 말에서 연상할 수 있는 것처럼, 국화는 신선이 산다는 선향(仙鄕)에 핀다고 전한다. 선향의

---

[96] "지나는 길에 당신께서 들러 주신다면 저의 집 황폐한 정원의 잡초에 섞여 핀 국화도 한층 향기를 더하겠지요."

하루는 인간계의 1000년에 해당할 만큼 유구하다고 한다. 모노가타리에는 구니쓰네 대납언이 근사한 국화를 피운 헤이추를 칭찬하고 불로장수하고 싶다는 염원이 담겨 있다.

22단 고삐 풀린 말로 인한 화(放れ馬の厄)

 또 같은 남자가 소문으로 들어 익히 알고는 있었지만, 아직 편지를 보내거나 하지는 않은 여자가 있었다. 어떻게든 만나고 싶은 생각이 있었기에 항상 여자네 집 문 앞을 지나다니는 것이었다. 이런 식으로 나름대로 노력은 하고 있었지만, 여자에게 편지를 전할 방법이 없었다. 그런데 어느 달이 밝은 밤, 그 문 앞을 지나는데 시녀 여럿이 나와 서 있어서 남자는 말에서 내려 말을 걸었다. 시녀들이 이런저런 답변을 해 주어 남자는 기분이 좋아 그곳을 떠나지 않고 가만히 서 있었다. 그러자 시녀들이 남자의 종자(從子)들에게 다가와

 "누구신지요?"
하고 물었다.
 "이런 분입니다"
하고 대답하자 여자들은
 "소문으로만 들었는데, 안으로 모셔서 말씀을 들어 볼까요?"
 "어떤 사람인지 이야기를 들어 보지요"
이렇게 말하며, 남자에게

"이 집 정원에는 달맞이하기 좋은 곳이 있으니 보여 드리지요"
라고 말해서 이 남자는

'어쩌면 이리 비위가 좋을까?'
생각하고, 집으로 들어가는 여자들의 뒤를 따라 들어가 함께 툇마루에 올랐다. 여자들은 방 가장자리 가까이에 모여 발 너머로

"기이한 인연이네. 소문으로만 들었을 뿐인데, 발 너머이긴 하지만 실제로 이야기를 나눌 수 있다니…"
하고, 남자 여자 할 것 없이 서로 기지 넘치는 이야기를 나누기 시작했는데, 여자 중에서 호의를 보이며 말을 걸어오는 자도 있었다. 이런 식으로 한곳에 모여 이야기를 나누는 중에 남자는 의도치 않게 마음에 둔 여자에게 접근할 기회가 생겼다. 흐뭇해하며 그곳에 머물러 대화를 나누는 동안 남자가 타고 온 말이 무엇엔가 놀라 날뛰는 바람에 고삐가 끊어져 내달리기 시작했다. 어린 하인들은 모두 말을 잡으러 쫓아갔지만, 한 사람은 남아 주인에게 사실을 전하려고 일부러 눈에 띄도록 근처까지 와서 얼쩡거렸다. 이것을 보고 남자는 멋쩍어져 가까운 곳으로 불러

"무슨 일이냐?"
물었다. 종자가 여차여차한 상황이라고 고하자

"물러가 있거라"

하고 말하며 구석진 곳으로 쫓아 버렸다. 그 모습을 본 여자들이

"무슨 일이십니까?"

하고 물었다.

"별일 아닙니다. 말이 뭔가에 놀라 고삐를 끊고 도망가 버린 모양입니다"

하고 남자가 대답하자 여자들은

"설마 그럴 리가 있겠습니까? 밤이 깊어도 당신이 돌아오지 않으시니 필시 부인이 거짓을 꾸며 댄 것이겠지요"

"어머, 참으로 무섭네요. 기분 전환으로 하는 별것 아닌 일에 질투하는 부인을 둔 사람이라니 말도 안 됩니다"

하고 여자들은 진절머리를 내며 모두 안쪽으로 들어가 버렸다. 그러자 남자는 여자들에게

"아아, 난처하군. 절대 그런 것이 아닙니다"

하고 변명을 해 보지만, 여자들은 전혀 상대해 주지 않았다. 결국에는 이야기를 주도하던 여자마저 들어가려고 해서 수없이 해명해 보았지만, 도통 말을 들으려 하지 않아 하는 수 없이 여자의 집을 나와 돌아왔다. 그리고 이튿날 아침 찬비가 한차례 지나자 이렇게 읊어 보냈다.

지난밤에는 이름 앗아 간다는 강을 건너다
젖어 버린 소매에 찬비까지 내리네
さ夜中に 憂き名取川 わたるとて
濡れにし 袖に 時雨97)さへ降る98)

이에 대한 답가,

소매 젖음은 오래된 집이어서 젖는 것이죠
저희가 숨은 것이 그리도 분하시오
時雨のみ ふるやなればぞ 濡れにけむ
立ち隠れけむ ことやくやしき99)

라고 보내온 것을 보고는 아직 희망이 있다고 기뻐하며 다

---

97) 시구레(時雨)는 늦가을에서 초겨울에 걸쳐 오락가락하는 비를 의미한다. 비유적으로 흐르는 눈물을 가리킬 때 사용한다.
98) "어젯밤에는 우울한 평판을 얻어서 한밤중에 울며불며 돌아간 나의 소매를 오늘 아침에는 찬비까지 내려 한층 더 적십니다."
99) "저희 탓에 소매가 눈물에 젖고 거기에다가 찬비까지 내렸다 말씀하시지만, 찬비가 끊임없이 새는 오랜 집이어서 소매가 젖은 것 아닙니까? 오래 살아오신 부인의 처소이지요. 우리가 숨어 버린 것이 그리 억울하십니까? 저희 탓이 아닌데요."

시 연서를 보냈지만, 답신이 오지 않아 더 이상 노래를 읊어 보내지 않고 관계를 끊었다.

작품 해설

다이라노 사다훈(平貞文), 이 남자는 여성들 사이에 명성이 자자했던 모양이다. 어느 시대나 많은 여성이 '멋쟁이'에게 마음을 빼앗겼다. 또한 '멋쟁이'에게 관심이 있어 다가가려 하다가 깊이 관여하면 독이라고 생각해 일찌감치 발을 빼는 여자도 어지간히 많았던 모양이다. 여기서 호색가라 칭하지 않고 멋쟁이라고 표현한 이유는 모노가타리 전체를 통해 남자는 많은 여자에게 관심을 표하고 또 만나지만, 그렇다고 해서 반드시 호색 일변도의 바람둥이라고 하기에는 뭔가 부족한 부분이 느껴지기 때문이다.

23단 호색가 남녀(好き者同士)

또 이 남자에게는 이전부터 친숙하게 지내던 여자가 있었다. 그 여자에게 남자가

"오랫동안 만나지 못하고 지냈네요. 놀러 오세요"

하고 써 보냈더니, 여자는 무척 아름다운 여자 친구를 데리고 왔다. 친구를 데리고 온 여자가

"자, 데리고 왔으니 나는 돌아갑니다"

하고 말하자 남자가

"이왕 왔으니 오늘 밤은 그냥 이대로 있는 게 어떻겠소?"

"네? 이상한 말을 다 듣네요. 무슨 이유로?"

라고 하면서도 이 여자가 읊은 노래

나니와만에 남겨 두고 갑니다 갈대숲 학이
소리 높여 울듯이 울며 붙잡으세요
難波潟 おきてもゆかむ 蘆鶴の
声振りいでて なきも とどめよ[100]

이에 대한 남자의 답가

나니와 후미 물이 넘칠 정도로 울고 있는 학
대체 무슨 연유로 남겨 두고 가시나
難波江の 潮満つまでに なく鶴を
またいかなれば おきてゆくらむ[101]

이 말을 듣고 여자는
"거짓말 마시오. 물이 넘치기는커녕 이슬만큼의 눈물도 흘리지 않으면서…"
라고 하면서도 어찌 된 일인지 그날 밤은 친구와 함께 남자네 집에 머물렀다. 그 뒤에 무슨 일이 있었는지는 알 수

---

100) "저 사람을 남겨 두고 돌아가겠습니다. 그런데 나니와만의 갈대 숲에 사는 학이 소리를 높여 울듯 누가 있든 없든 상관없이 붙잡을 수는 없습니까?" 나니와만(難波潟)은 오사카시 부근 바다의 옛 명칭으로, 와카에서는 '오키(沖)'의 앞에 놓이는 마쿠라코토바(枕詞)로 사용되며 '오키(おき)'는 앞바다를 의미하는 '오키(沖)'와 남겨 두는 것을 의미하는 '오키(置き)' 두 가지 의미를 포함하는 가케코토바다. 나니와만(難波潟), 오키(沖), 갈대숲 학(蘆鶴)은 서로 연관어로 사용되는 엔고(縁語)다.

101) "나니와 후미에 물이 가득 찰 정도로 눈물을 철철 흘리며 울고 있는 나를 도대체 무슨 연유로 베개도 함께하지 않고 그냥 둔 채 가시는 것입니까?"

없다.

작품 해설

　당시에는 남녀 관계에서 남자가 여자의 집을 드나드는 것이 일반적이었지만, 친구와 함께 남자의 집으로 왔다는 내용으로 미루어 여자가 시중을 드는 주인의 집에서 동료와 함께 우차를 타고 온 것으로 추정된다. 두 남녀가 주고받는 와카와 대화 내용은 마치 요즘 말하는 의문의 여사친, 남사친의 관계를 엿보는 듯하다. 젊은 마음에 일어나는 미묘한 움직임이 대화 속에 선명하게 나타나 과연 연애 중심의 삶을 사는 남자의 청춘 일기라고 하기에 적합하다. 흥미로운 점은 여자와 함께 온 미모의 친구는 남자와 이전부터 알고 지내던 사이로 보이며, '그 뒤에 무슨 일이 있었는지 알 수 없다'라는 마무리 문장은 호색가 남녀의 비밀스럽고 스릴 넘치는 장면을 상상하게 한다.

24단 오미 지방 장관의 딸(近江守の女)

　또 이 남자는 사람의 시선을 의식하며 오미(近江) 지방관을 아버지로 둔 여자에게 다니고 있었다. 그러는 사이에 여자의 부모가 눈치를 챈 것인지 사람을 시켜 망을 보게 하고 딸을 질책하고 트집을 잡아, 해가 뉘엿뉘엿 기울기 시작하면 바로 문에 자물쇠를 걸어 지키게 했다. 그렇게 부모의 방해로 인해 여자와 남자는 만날 방도가 없었다. 그러다 남자가 간신히 토담을 넘어 집 안으로 들어갔다. 때마침 항상 둘 사이를 이어 주던 시녀를 우연히 만났다. 그래서 그 시녀에게
　"토담을 넘어 간신히 들어왔습니다"
라는 말을 여자에게 전하게 했는데, 부모가 이 사실을 알아차리고는 큰 소리로 소란을 피우고 거친 언사를 쏟아 내는 바람에 여자는
　"도저히 뵐 수 없을 것 같습니다. 그냥 돌아가세요"
하고 시녀를 통해 전해 왔다. 또 여자가
　"앞으로가 어찌 되든 저를 조금이라도 불쌍히 여기신다면 오늘 밤은 돌아가 주세요"
하고 솔직한 심정을 전해 왔다. 그래서 남자는

보지 못하고 돌아가야 하는가 오미라는 길
　　이름만 바다라는 사실을 원망하며
　　みるめなみ たちやかへらむ 近江路は
　　名のみ海なる 浦とうらみて102)

라 읊어 남기고 돌아갔다. 그러자 여자는 답가를 읊어 보냈다.

　　세키야마산 거친 바람이 불어 소란합니다
　　당신 만나려 하면 파도가 일어나요
　　関山の あらしの風の さむければ
　　君にあふみは 浪のみぞ立つ103)

---

102) "그대를 만나지 못하고 이대로 돌아가는 것인가, 만남(逢う身)이라는 의미의 오미(近江) 길이라 하지만, 만난다는 것은 말뿐, 오미는 그저 '미루메[みるめ : 청각(海松布) 또는 만남(見る目)]'가 없는 이름만이 바다(海)인 사실을 원망하며."

103) "오사카의 세키야마라는 산에 부는 폭풍이 격렬하고 호수에 파도가 일어 소란스럽습니다. 우리 사이를 가로막아 감시가 엄해서 당신을 만나는 저에게는 난관이 많습니다."

이렇게 곤란한 상황에서도 여자는 답가를 읊어 보냈지만, 남자는 더 이상 다니는 것은 고사하고 답장도 보내지 않게 되었다. 지방의 장관 따위가 높은 신분도 아닌 주제에 이리 밉살스럽게 반대하니 아무리 생각해도 부아가 치민 것이다. 게다가 여자도 부모를 어렵게 생각하고 있었기 때문에 두 사람 관계는 그것을 마지막으로 끝나 버렸다.

작품 해설

첫 번째 와카에서 '미루메(みるめ)'는 해초인 '청각(海松布)'을 말하는데 여기에 '만남'을 뜻하는 '미루메(見る目)'를 중첩해 가케코토바로 사용하고 있다. 또한 지명을 나타내는 '오미지(近江路, おうみじ)'의 '오(おう)'에는 '만나다'라는 의미의 '오(逢う, おう)'를 중의적으로 사용하고 있다. 세키야마(関山)는 지방과 지방의 경계에 설치해 통행자와 화물 등을 검사하고 차단하는 관소(關所)가 있던 산길을 말하는데, 헤이안 시대에 세키야마라고 하면 오사카(逢坂)를 가리켰다.

25단 노래의 길잡이(歌のしるべ)

또 이 남자가 시가사(志賀寺)에 참배하러 가는 도중, 오사카(逢坂)의 맑은 샘이 솟는 곳에 이르렀다. 그곳에는 여자 여럿이 타고 있는 우차가 서 있었는데, 소를 풀어 쉬게 하고 수레의 채를 받침대에 올려놓고 머물러 있었다. 남자가 말에서 내려 잠시 서서 가만히 보고 있으려니까 우차 안에 타고 있던 여자들은 누군가 사람이 다가온 것을 알아차리고는 다시 소를 우차에 걸어 움직이기 시작했다. 남자가 소를 끄는 사람에게

"어디로 가는 분이십니까?"

하고 묻자

"시가사에"

하고 대답해, 여자들이 탄 우차와 조금 떨어져서 천천히 뒤따라가는데, 우차는 그 이름도 유명한 오사카의 관(逢坂の関)을 넘더니 멈춰 섰다. 남자가 가까이 다가오자 우차 안에서 다음과 같은 와카를 읊어 보내왔다.

오사카라는 이름에 어울리는 세간에서도
소문으로 자자한 사람을 만났네요

逢坂の 名に頼まれぬ 関川の
ながれて音に 聞くひとを見て104)

이러한 노래여서 어떻게 자신을 알고 있는 것인지 의아하게 생각하면서도 나쁜 의도를 가지고 있는 것 같지는 않아 가까이 다가가 답가를 읊었다.

이름에 기대 저도 지나갑니다 오사카산을
넘어가면 그대를 만나게 될 터이니
名に頼む われも通はむ 逢坂を
超ゆれば君に あふみなりけり105)

노래를 듣고 여자가

---

104) "지금 오사카(逢坂)의 관(関)을 넘었는데, 과연 예로부터 이곳은 사람을 만난다는 장소가 맞는 것 같습니다. 세간에서 소문이 자자한 분을 만나는 것을 보면." '오사카(逢坂)'라는 지명의 '오(逢う, おう)'는 '만나다'라는 의미로, 지명을 풀이하면 '만남의 고개'가 된다. 사랑 노래(恋の歌)에 빈번히 등장하는 지명이다.

105) "오사카라는 이름은 좋은 기운을 가진 지명이니 저도 이름에 기대어 그곳을 지나갑니다. 오사카의 관을 넘으면 그곳은 오미(近江)이니 그대와 만나는 몸이 될 테니."

"어디로 가시나요?"

하고 물어

"시가사에 참배하러 갑니다"

하고 대답하자 곧

"그럼 같이 가지요. 우리도 그렇거든요"

라고 해서 함께 가게 되었다. 남자는

"그렇다니 기쁘네요"

하고 동행했다. 절에 도착해서도 묵을 방을 가까운 곳에 잡았다. 그리고 서로 이런저런 세상 이야기를 즐겁게 주고받으며 기분이 고조되어 있었다. 그런데 이 남자가 참배를 위해 떠나온 집에서 절 쪽은 길을 방해하는 귀신이 있는 흉한 방향이었다. 이튿날 아침까지 절에 있을 수 없어 가타타가에(方違え)[106]를 위해 머물 장소를 다른 곳으로 옮겼다.

"가타타가에를 해서 탈 없이 오래 살려고 하는 이유는 그대들과 앞으로 오래도록 알고 지내고 싶기 때문입니다"

라고 하며 절을 나가려 하자 여자들도 남자를 만나기 전

---

106) 가타타가에(方違え)란 헤이안 시대에 행하던 음양도(陰陽道) 속신의 하나로, 출타할 때 목적지의 방위가 불길하면 전날 딴 곳에서 하룻밤을 지내고 그곳에서 목적지로 가던 일을 말한다.

자기들끼리만 있을 때보다 왠지 더 적막한 생각이 들어

   "그럼 하는 수 없지요. 아무튼 교토에 돌아가시면 언제든 방문해 주세요"

하고 말했다. 궁중에서 시중을 들고 있는 여관들이었기 때문에, 평소 머무는 방과 모시고 있는 상전이 누군지도 물어 알아 두었다. 이 남자는 몹시 부자연스럽고 어색했지만, 헤어짐이 아쉬워 이렇게 읊었다.

  향해서 가는 목적지도 모르니 그저 이렇게
  마음은 허허롭고 혼란스럽겠지요
  立ちてゆく ゆくへも知らず かくのみぞ
  道の空にて まどふべらなる107)

여자의 답가

  그렇게까지 갈피 못 잡으시면 저의 영혼을
  붙여 드리오리다 가는 길 길잡이로
  かくのみし ゆくへまどはば わが魂を

---

107) "가슴이 갑갑해 목적지가 어딘지도 잊어버렸습니다. 분명히 이렇게 가는 도중에 이별이 괴로워 마음도 허전해서 혼란스럽겠지요."

たぐへやせまし 道のしるべに[108]

 이 노래에 다시 한번 답가를 읊으려 하자 양쪽의 수행원들이
 "밤이 샐 듯합니다"
하고 재촉해 남자는 멈추지 않고 해안 쪽으로 향해 가서 가타타가에 할 집으로 들어갔다.
 그리고 이튿날 남자는 절에서 돌아가는 여자들의 우차와 다시 만나고 싶은 생각에 호수 주변에서 망을 치고 사람의 왕래를 살피며 기다리고 있었다. 그런데 한 지인이 그 주위를 산책하자고 부르러 와 함께 그곳을 벗어나 걸었다. 그러는 사이에 여자들은 그곳을 지나 궁중으로 돌아갔다. 궁으로 돌아온 여자가 동료인 다른 여관들에게 시가사에 참배하러 갔다가 있었던 일을 이야기했다. 그러자 이야기를 듣고 있던 여관 하나가 물었다.
 "그런데 그 이야기 속 남자의 이름은 무엇입니까?"
 그리고 이름을 들은 여자는 이전부터 자신이 알고 있던 남자라는 사실을 알고 험담을 늘어놓기 시작했다.

---

[108] "그렇게 목적지도 잊으시고 갈피를 잡지 못하신다면 저의 영혼을 길잡이로 당신에게 붙여 드리지요."

"그 남자는 항상 그런 수법을 사용하지요. 그게 싫습니다"
하고 다시없을 것 같은 말도 안 되는 날조로 소문을 퍼뜨려 여자들은
"어머, 그런 일이 있었군요. 그런 사람인 줄도 모르고 어울릴 뻔했어요. 그렇다면 어지간히 뻔뻔한 남자네요. 행여 심부름꾼이 편지를 가져와도 받지 않는 것으로 하지요"
하고, 하인들에게 세세하게 주의를 시켰다.

그런 것도 모르고 남자는 교토로 돌아와 여자들이 알려 준 대로 궁중으로 심부름꾼을 보냈는데
"아직 친정에 계십니다. 시가사에 참배하러 간다고 외출한 채 궁궐로 돌아오지 않았습니다"
라는 둥 편지도 받지 않고 돌려보냈기 때문에 하인은 돌아와
"여차여차 이야기했습니다"
하고 보고하자 내막을 모르는 남자는 이삼일 계속해서 편지를 보냈지만, 결국 전달하지 못하고 돌아왔다. 그래서 당시 시가사에 참배하러 갔다가 만난 세상사에 밝은 친구뻘 되는 남자의 의견을 듣기 위해 심부름꾼을 보내 불러왔다. 그 남자는 이런저런 일을 공유했던 사람이라서 전후

사정을 듣고는

"음, 뭔가 이상하군. 누군가가 중상모략을 한 게지"

하고 말하는 것이었다. 그 말을 들은 남자는 마당 언저리의 정원수 우거진 곳을 쳐다보며

내 맘 달래 줄 초목은 아니지만 시름에 젖은
사람 눈으로 보니 쓸쓸히 느껴지네
たすくべき 草木ならねど あはれとぞ
もの思ふ人の 目には見えける[109]

하고 중얼거리듯 읊조렸다. 그 노래를 들은 친구는

"참으로 지당한 말씀이네."

하고 맞장구를 치며 이야기를 주고받는 사이에 날이 저물고 달이 밝게 비추자 그 친구는

"자, 교토 서쪽에 내가 가끔 다니던 여자가 있는데, 같이 가서 이야기라도 나눕시다"

하고 함께 가기를 권해서 동행했다.

하지만 마음은 온통 그 시가(志賀)에서 있던 일로 가득

---

[109] "나의 우울함을 위로하고 달래 줄 초목은 아니지만, 근심 있는 사람에게는 심히 쓸쓸하게 느껴지네."

하고 그리워, 여자가 오사카를 넘은 지점에서 기다리다가 처음 읊어 보내온 노래를 가이(甲斐) 지방의 가락에 얹어 소리 높여 읊조렸다. 그런데 그때 한 우차가 남자가 탄 말을 앞질러 나아갔다. 그 우차의 뒤에서 스자쿠 대로(朱雀大路)를 천천히 가는 동안 계속 이 노래를 부르며 가고 있으려니, 앞서가던 우차에서

"어찌 주인이 있는 노래를, 그것도 스자쿠 대로에서 제 것인 양 읊어 댈까?"

하고 문제를 제기해, 그 남자는 그 말이 참으로 의아하게 여겨져

"혹 그렇게 따져 물어 주실 분이 있을까 해서 노래하고 있소"

하고 답하자 상대방 우차에서

"당신을 아주 잘 아는 분이 참혹한 꼴을 당했다나요. 그런 말을 들어서 불쾌합니다. 말도 섞고 싶지 않습니다"

하고 말했다. 이 말을 듣고 시가에서 만난 여자라는 걸 깨달은 순간 남자는 다시없을 야릇한 기분이 들어

"그분이시군요?"

하고 물었다. 그러자 여자가

"그렇습니다"

하고 대답해 남자는

"아주 잠시만 우차를 멈춰 보시겠습니까?"
하고 앞뒤 가리지 않고 재촉한다.

"좋습니다. 그럼, 이야기를 한번 들어나 보지요"
하는 대답을 듣고 남자는 말에서 내려 우차 옆으로 다가와

"어디로 가시는 길입니까?"
하고 묻자, 여자는

"집으로 물러가는 길입니다"
하고 말한다. 그래서 남자는 편지를 전하러 간 하인이 전달하지 못하고 허무하게 돌아온 일이 매우 한스럽고 무척 괴로웠다고 하소연했다. 남자의 거듭되는 원망에 여자는 제대로 대꾸도 하지 못하고 있었다. 그러자 남자는 여자의 처사가 일방적이라 오해해, 아무리 시시한 이야기를 한다 해도 어찌 이렇게 박정할 수 있을까 생각하며 우차 곁에서 물러났다. 이것을 보고는 여자가 쉬던 소를 즉시 우차에 걸고 가려 하자 이 남자는 역시 그냥 보낼 수 없었는지 잠시 멈춰 세우고, 누가 이런 괘씸한 중상을 했는지 물으려고 함께 있던 남자를 보내

"나의 운명도 한심하고 그대의 냉정한 마음도 원망스럽소. 정말 몸을 던지러 온 것입니다만, 꼭 한마디 듣고 싶은 말이 있어서 눈물의 강도 건너지 않고 돌아온 것입니다"

라고 하며 노래를 읊어 전했다.

슬픈 운명에 이내 몸 던지려고 찾아왔지만
눈물의 강이 불어 건널 여울도 없소
身の憂きを いとひ捨てにと 来つれども
涙の川は わたる瀬もなし[110]

이에 대해 여자는

진심인가요 건널 곳 없다는 말 눈물의 강이
흐르는 그 물속은 깊다 믿어도 될까
まことにて わたる瀬なくは 涙川
ながれて深き みをと頼まむ[111]

---

[110] "한심한 이내 몸이 미워 몸을 던지려고 왔지만, 눈물의 강은 나의 눈물로 물이 불어 건널 만한 얕은 내도 없어 그 슬픔에 죽을 수도 없습니다."

[111] "말씀하시는 것이 참이고 건널 만한 얕은 내가 없을 정도로 눈물을 흘리고 계신 것이라면 끝을 모르고 흐르는 깊은 눈물의 강이겠지요. 그럼 한없이 이어질 깊은 관계라고 믿겠습니다. 그런데 당신의 말은 진심인가요?"

하고 읊어 보내고는

"가지 마시고 이쪽으로 오세요. 잠시 이야기를 나누시지요"

라고 해서 남자는 다시 우차 옆으로 다가섰다. 이런저런 이야기를 나누다가 동틀 녘이 점점 가까워지자 여자는

"이제 돌아가지요"

라고 하며

"절대로 오늘 밤의 일도 그리고 어떤 일이 있었는지도 사람들에게 말하지 마세요. 이런 일이 실제로 있었다고 말하면 절대 안 됩니다"

말하고는

가을밤 꿈은 참으로 허망해서 만나기는 해도
秋の夜の 夢ははかなく あふといふを[112]

이렇게 읊자 남자는

봄이 다시 오면은 꿈은 이뤄지겠죠

[112] "가을밤의 꿈은 아주 조금밖에 실현되지 않는다고 합니다만, 꿈과 같은 우리의 만남은 참으로 허망하기 그지없네요."

春にかへりて 正しかるらむ[113]

라고 이야기하는 사이에 날이 점점 밝아 와 여자는
　"이제 어서 잘 보이는 곳으로 나오세요"
하고 말했다. 여자의 집이 어딘지 알아보고 싶은 생각에 남자가 일부러 움직이지 않자 여자는 집을 알려 주지 않으려고 남자의 태도에 냉정하게 대했다. 그러자 남자가 이렇게 읊었다.

　가능하다면 아침까지 기다려 옷소매 위로
　흐른 내 눈물의 색 보아 줄 수 없나요
　ことならば 明かしはててよ 衣でに
　降れる涙の 色も見すべく[114]

이에 대해 여자가 답가를 읊었다.

---

113) "그렇지 않습니다. 봄이 돌아오면 실현되는 꿈이 되겠지요. 장래에 두 사람 사이는 분명히 결실이 있을 것입니다."
114) "달라질 일이 아니라면 날이 완전히 밝을 때까지 있어 주시오. 내 소매에 흘러내린 눈물이 피의 색을 띠고 있는 것을 보여 줄 수 있도록."

옷소매 위로 흘러내린 눈물의 색을 보려고
아침을 기다리면 알려지고 말 텐데
衣でに 降れる淚の 色見むと
明かさばわれも あらはれねとや115)

이러고 있는 사이에 날이 완전히 새어, 남자는 아이 하나를 남겨
 "우차가 들어가는 집이 어딘지 보고 오너라"
일러두고 돌아갔다. 아이는 우차를 따라가서 여자의 집이 어딘지 확인하고 돌아왔다. 그 후 어떻게 되었을까?

작품 해설

이 이야기는 《헤이추 모노가타리》 안에서 특히 주목받는 장단 중 하나로 손꼽힌다. 달빛이 밝은 어느 날 남자는 교토의 스자쿠 대로(朱雀大路)에서 자신을 피하는 여자와 우연히 만나게 된다. 시가사 참배로 한 번 만난 이후로

---

115) "소매를 적신 눈물이 피의 색을 하고 있는지 어떤지를 보기 위해 밝을 때까지 기다리면 저도 세간의 눈에 띌 것인데 그리하라는 말씀입니까? 배려심이 없으시네요."

지금까지 만나지 못해 애달파하던 남자가 상대 여자를 달 밝은 밤 뜻밖에 만난 것이다. 이 같은 이야기 패턴은 《이세 모노가타리》에도 없고 그 외의 작품에도 확인되지 않는다. 6가선(六歌仙) 시대를 지나 《겐지 모노가타리》의 이른바 인생의 무상함이나 자연의 아름다움을 접해서 생기는 절절한 감동이나 정취를 뜻하는 '모노노아와레'라는 미적 세계를 헤이추가 열어 주는 듯하다.

여자가 남자를 멀리하게 된 이유는 동료인 여관이 남자의 험담을 늘어놓았기 때문이다. '중상모략'은 동서양의 다양한 문예 작품의 모티프로 널리 사용되는 소재다. 특히 연애를 주제로 하는 경우는 더더욱 그렇다. 《헤이추 모노가타리》에서도 이미 적절히 사용되고 있음을 알 수 있다. '달 밝은 밤'도 《헤이추 모노가타리》에서 빈번히 사용되는 배경이다. '달이 밝게 비추자(月いとおもしろかりければ)' 외출해 만남으로 이어지는 사례가 많은 것도 《헤이추 모노가타리》의 특색 중 하나라 할 수 있겠다.

26단 누구의 눈물이 더할까(涙くらべ)

또 이 남자에게는 남몰래 다니는 여자가 있었다. 사람의 눈이 많은 곳이어서 날이 새기 전 모두 잠들어 조용한 시각에 여자의 집을 나섰다. 어떻게든 다른 사람의 눈에 띄지 않도록 돌아가려고 나왔지만, 아직 어둠이 채 가시지 않은 시각이었기에 헤어짐이 아쉬워 도저히 발을 뗄 수 없었다. 남자는 문 앞에 걸린 다리 위에 멈춰 서서 집 안에 있는 여자에게 이렇게 읊어 보냈다.

> 한밤중에 나와 채 건너가지 못한 눈물의 강은
> 늪이 되어 흘러서 깊어만 보이네요
> 夜半にいでて 渡りぞかぬる 涙川
> 淵とながれて 深く見ゆれば[116]

남자를 보낸 후 잠들지 못하고 깨어 있다가 노래를 받

---

[116] "아직 한밤중인데 헤어져 나와 문 앞의 강을 다 건너지 못하고 있습니다. 나의 눈물로 물이 불어 눈물의 강이 깊은 못이 되어 흐르고 있지 않을까 해서."

은 여자가 답가를 읊었다.

> 깊은 밤중에 당신 보내 적적해 흘린 눈물은
> 당신이 건너려는 깊은 늪이 됐겠죠
> さ夜中に おくれてわぶる 涙こそ
> 君がわたりの 淵となるらめ[117]

남자는 깊이 감동해 노래를 한 수 더 읊어 보내려고 했지만, 큰 대로에 지나는 사람이 보였기에 멈춰 서 있지 못하고 집으로 돌아갔다.

작품 해설

'눈물의 강(涙川)'은 와카에 빈번히 사용되는 가어(歌語)로, 여기서는 사랑하는 사람과 오랜 시간 함께하지 못해 흘리는 눈물을 깊은 강으로 비유하고 있다. 눈물(涙)은 보통, 젖다(濡れる), 소매(袖, 袂) 등과 연동해서 사용되는

---

[117] "한밤중에 당신을 보내고 난 후 홀로 남아 헤어짐의 슬픔에 우는 저의 눈물이야말로 당신이 건너려 하는 강의 깊은 늪이 된 것이겠지요."

데, 이렇게 서로 관련된 말을 사용해 와카의 뜻을 돋우는 수사적 표현을 엔고(縁語)라고 한다.

27단 부모가 지키는 사람(親の守る人)

 이 남자에게는 우연한 일로 알게 된 사람이 있었는데, 아득히 먼 하늘보다도 인연이 없다고 생각되는 고귀한 신분의 여자였다. 마음을 털어놓으려고 해도 마땅한 방법이 없었기 때문에, 어떻게 마음을 전할까 고민하다가 겨우 방도를 찾아 편지를 보내기 시작했다. 그러다가 남자가
 "어떻게든 한 번만이라도 좋으니 편지가 아니라 직접 만나 이야기를 나누고 싶습니다"
라는 편지를 보내자 여자는 무슨 생각을 한 것인지 남자의 요구를 받아들이고, 어떤 식으로 심경을 밝힐지, 발을 사이에 두고서라도 이야기를 들어 볼까 고민하고 있었다. 그러는 사이 두 사람의 이야기가 소름이 끼칠 정도로 심술궂은 여자의 늙은 모친의 귀에 들어갔다. 여자의 모친은 고령에도 불구하고 그야말로 눈치가 빠르고 잔소리가 심해, 편지를 주고받는 것을 알고는 편지도 하지 못하게 막고 트집을 잡아 사람을 시켜 문을 지키게 했다. 그런 곳으로 남자가 무리해서
 "직접 뵙고 이야기를 나누고 싶습니다"
하고 편지를 보내온 것이다. 여자의 시녀들이 여자와 친

척뻘 되는 친구를 불러 도움을 청했다. 남자에게 상황을 전달해 달라는 이야기였다.

"'이러이러한 분이 막고 계셔서, 설령 머나먼 하늘로 장소를 옮긴다고 해도 도저히 성사되기 어려운 일입니다' 하고 그 남자에게 전해 줄 수 없을까 해서 모신 것입니다"
하고 말하자 그 친구는

"여태까지 왜 나한테 말하지 않은 것입니까? 자 그럼, 다른 사람들이 이 사실을 알기 전에 내가 모친께 달을 함께 보자 권하고, 어머니의 방으로 가서 고토(琴)118)를 타겠습니다. 그사이에 남자를 발 가까이로 불러서 이야기를 나누세요"
하고, 부탁을 받고 온 친척은 계획을 일러 주었다. 그렇게 남자와 여자는 발을 가운데 두고 대화를 할 수 있었다. 어머니의 방에서 돌아온 친구가 으쓱해서

"내 덕이야"
하고 말하자 여자도

"고마운 일이지"
하고 대답했다. 성품이 좋지 않은 여자의 모친이 초저녁

---

118) 고토(琴)는 거문고처럼 6현인 현악기를 가리키며, 현악기를 총칭하는 말로도 사용되었다.

무렵부터 졸다가 잠이 들어 안심하고 남자를 만나 이야기를 나눌 수 있던 것이다. 그런데 밤이 깊어지자 여자의 모친이 잠에서 깨어 일어나 나와

"아아, 짜증 나게 왜 이렇게 잠이 안 오는 거야? 필시 뭔가 이유가 있을 게야"

하고 말하는 것이었다. 이 목소리를 들은 남자는 재빨리 툇마루 아래로 기어들어 가 숨었다. 여자의 모친은 밖을 살펴보지만 아무도 없었기 때문에

"아무도 없는데…"

말하고는 안채로 들어갔다. 들어간 것을 확인하고 난 뒤 남자가 툇마루 밑에서 기어 나오자 여자의 친구가

"정말 이것을 어떡합니까?"

"이런 상황이라 도저히…, 하지만 살아만 있다면 언젠가는 꼭…"

이렇게 말하는 사이에 여자도

"용케도 마루 밑같이 심란한 곳에 숨어 계셨네요"

하고 말했다. 남자는 마땅한 방법이 없어 돌아가려고 생각해 노래를 읊었다.

   아주 어쩌다 들으라고 타시는 고토 소리가
   장단에 맞지 않는 경우가 있나 보오

たまさかに 聞けど調ぶる 琴の音の

あひてもあはぬ 声のするかな[119]

하고 남자가 읊어 보내자 고토를 타고 있던 친구가 여자에게
 "어서 답하세요."
하고 권유했다. 그런데 그 이야기를 또 모친이 엿듣고는
 "어디에 있던 도둑 귀신 놈이 우리 딸을 잡아가려고!"
소리치며 저쪽에서 뛰쳐나와 남자가 있는 쪽으로 달려왔다. 남자는 신발을 신을 겨를도 없이 도망쳤다. 시녀들은 숨도 쉬지 못하고 모두 몸을 낮추고 있었다. 이처럼 고생고생해서 만나려 했지만, 모친이 심하게 막아서는 바람에 만남은 고사하고 편지 왕래조차 하지 못하고, 편지를 전하는 여자도 모친에게 들통이 나 남자는 접근조차 하지 못하게 되었다. 그 사이에 모친은 여자에게 새로운 남자를 짝지어 주었다. 그 소식을 들은 남자는 아무리 부모가 그런 식으로 다른 남자와 짝을 지어 준다고 해도 순순히 따르는

---

[119] "가끔 저 들으라고 타 주시는 고토 소리가 멋지게 장단에 맞아도 때로는 장단에 어긋나는 소리도 섞이는 것이네요. 간신히 만나 뵈어도 소망이 이루어지지 않으니. 방해꾼이 있기 때문이겠지요."

게 말이 되냐며 진저리를 내고 관계를 끝내 버렸다.

작품 해설

　당시 남녀가 와카를 주고받을 때는 시녀나 편지 심부름꾼이 전달자 역할을 했다. 아직 제대로 된 부부의 연을 맺지 않은 상황에서 남자가 여자를 방문했을 때는 발이나 병풍을 사이에 두고, 쥘부채로 얼굴을 가리고 대화를 나누었기 때문에, 처음에는 상대방의 얼굴을 보지 못하는 경우가 많았다. 얼굴 대신 의복의 소매를 발 틈으로 보여 색감의 조화 등을 어필하기도 했다.

　당시의 남녀 관계는 기본적으로 남자가 여성의 집에 다니며 서로 마음에 들면 와카를 교환하고, 관계가 더 발전하면 직접 만남을 갖는 형식이었다. 물론, 여성이나 그 식구들의 마음을 얻지 못하면 집에 들어갈 수조차 없었다. 그러나 여성 자신의 존재가 남성에게 알려지지 않으면 와카를 받거나 발을 사이에 두고 만나는 일도 기대하기 어려웠다.

28단 이름을 도용당한 남자(名を借りられる)

또 이 남자에게는 전부터 소문으로 자주 들어 알던 여자가 있었는데, 그 여자의 집은 이 남자의 집에 드나드는 한 시녀도 시중을 드는 곳이었다. 그런데 그 여자에게는 이 남자의 이름을 도용해 다니는 사내가 있었다. 하지만 여자는 주위에 '이러이러한 이름의 남자가 다니고 있다'는 말도 하지 않고 지냈기에 아무도 그 사내가 남의 이름을 도용하고 다닌다는 사실을 알지 못했다. 그러다가 여자는 사내와 깊은 사이가 되어 버린 모양이었다. 밤마다 찾아오는 그 사내는 늦은 밤에 와서는 어둠이 채 가시기도 전에 돌아갔다. 이런 일이 거듭되면서 자연스럽게 동료 시녀들이 눈치를 채고 여자에게

"저분은 누구십니까? 말을 해 주시지 않으니 왠지 서먹서먹하지 않습니까?"
이런 말로 시녀들이 떠들어 대자 여자는 아무개라고 털어놓았다. 남자의 집에 드나드는 그 시녀가 사내의 이름을 듣고는 남자의 집으로 와서

"그런 일이 있으면 저에게 말씀해 주시지 그랬습니까? 그쪽 사정도 잘 모르는 사람을 고용하시다니"

라고 말해 남자는 무슨 영문인지 모르는 이야기였기 때문에 항변을 하자 이 시녀는 오히려 남자를 원망하는 눈치여서 남자는

"그럼, 앞으로 어찌 되는지 잘 살펴보면 알게 되지 않겠소"
이렇게 말했다.

그래서 시녀는 돌아가서 밤이 깊을 때까지 상황을 지켜보고 있는데, 바로 그 사내가 찾아와서 여자와 이야기를 나누는 것이었다. 그런데 목소리를 듣고는 과연 자신이 다니는 집의 남자와 다른 사내라는 사실을 알고 여자에게 이를 알렸다. 그 후로 여자는 이름을 도용한 사내와의 관계를 딱 끊어 버렸다.

일의 전말(顚末)을 살펴보면 이렇다. 사건 당시 이 시녀가 사용자인 여자의 거처에 들러 사내를 수행하고 온 종자들이 대기하고 있는 곳으로 가 등불을 비추어 보니 지금까지 본 적도 없는 자들로, 품위 없어 보이는 일행이 모여 있었다. 이것을 본 시녀는 되돌아와서 큰 소리로 상황을 고했다. 옆에서 이를 듣고 있던 남자의 이름을 도용한 그 가짜는 여자의 집을 도망치듯 뛰쳐나가 사라졌다. 편지를 전하던 자와 다리를 놓은 시녀도 그 밤에 모습을 감추었다.

이름을 도용당한 남자가 경위를 듣고

"가짜라는 사실을 알았을 때 몰래 알려서 붙잡으면 좋았을 것을"

하고 그 시녀를 원망스럽게 생각하며

"속아서 난처한 분에게"

라는 내용으로 여자에게 노래를 읊어 보냈다.

아즈마 들판 시골집에 거하는 거친 무사는
내 이름 억새 베듯 빌려 쓰던 걸까요
東野の 東屋にすむ もののふや
わが名をかやに かりわたるらむ[120]

여자는 면목이 없어 답신도 하지 않았다.

---

[120] "아즈마 지방의 지붕을 새로 얹은 시골집에 사는 무사, 그렇게 세련되지 못한 사람이 억새를 베어 생활하는 것처럼 나의 이름을 계속 빌려 쓰고 있던 것일까?" '가리와타루(かりわたる)'는 '빌려 살아가다'라는 의미와 '베며 살아가다'라는 두 가지 의미를 함축하고 있는 가케코토바다.

작품 해설

　헤이추, 즉 사다훈의 이름을 도용한 사내와 관계를 맺은 여자의 이야기다. 사다훈은 이름을 도용당할 정도로 인기남이고 유명인이었음을 짐작할 수 있다. '아즈마 들판(東野の)' 와카는 '아즈마-시골집-무사-억새 지붕'을 연결해, 아즈마(東) 지방을 교토와 대응시키고 있다. 억새 지붕은 교토의 화려하고 우아한 기와와 상반되는 시골의 촌스러움을 상징하며, 교토 남자의 이름을 도용한 무사를 등장시킴으로써 교토의 세련된 남성과 달리 거칠고 품위 없는 관동 무사를 비하하려는 의도가 다분하다. 아즈마 지방은 넓게는 오사카(逢坂)의 관(関) 이동(以東)을 가리키며, 좁게는 관동 일대를 가리킨다. 이 단의 이야기는 《이세 모노가타리》의 동국(東国) 관련 에피소드를 연상하게 하는 내용이다.

29단 여러 만남(さまざまの出会い)

또 이 남자에게는 전부터 소문으로 자주 들어 알고 있지만, 무리하면서까지 가까이하고 싶지는 않은 여자가 있었다. 그런데 공교롭게도 그 집에 고용되어 드나드는 여자가 있어서 때때로 편지를 전해 주었는데, 남자는 그 편지 전달자인 여자를 '믿음직한 사람'이라고 불렀다. 그런 어느 날 그 사람에게

"어서 그쪽 여자와 만날 수 있도록 다리를 놔 주게"
하고 주선을 재촉했다. 그러자 그 믿음직한 여자는

"만일 오늘 밤 달이 밝게 뜨면 찾아오세요. 일이 잘 풀릴 것 같으면 한번 해 보지요"
하고 전해 와

"그것참 고맙군"
하고, 믿고 그 집으로 찾아갔다.

그리고 안내를 청하자 그 믿음직한 사람은 남자를 집 안으로 불러들이고, 만나려고 하는 그 집 여자에게

"달을 좀 보세요"
라고 하며 여자를 툇마루 가장자리로 불러냈다. 이렇게 빈틈없는 준비로 남자와 여자 둘은 자리를 함께하게 되었

고, 한두 마디 이야기를 나누다가 그 믿음직한 여자는 조용히 안쪽으로 자리를 피했다. 그러자 그 집 여자도 따라 들어가려고 하는 것이었다. 이에 남자가

"아아, 그럼 섭섭하지요. 그대까지 들어가려 하시다니. 그렇다면 안내한 사람은 누구에게 믿음직한 사람이 됩니까?"

하고 남자가 원망하는 말을 쏟아 내자

"잘 알겠습니다. 그럼 들어가지 않겠습니다. 다만, 내일 아침 그 믿음직한 사람이 서둘러 안으로 들어가 버린 일을 원망하신 것으로 하고, 내게는 과실이 없다는 사실을 알 수 있도록 노래를 읊어 보내 주세요"

하고 여자가 말했다. 그래서 이튿날 아침 남자가

긴 가을밤을 기대하게 해 놓고 새벽달 무렵
숨어 버리시다니 마음에 들지 않소
長き夜を 頼め頼めて ありあけの
心づきなく 隱れしやなぞ[121]

---

[121] "긴 가을밤을 밤새도록 기대하게 해 놓고는 새벽달 무렵인데 서둘러 안으로 숨어 버리신 것은 무슨 까닭입니까? 마음에 들지 않습니다."

하고 읊어 보내자 그 믿음직한 여자가

　　하나의 몸에 어찌 빛이 둘이나 있어야 하나
　　달은 아씨가 계셔 물러나 잔 것인데
　　いかでかは 光の二つ 身にそはむ
　　月には君を 見かへてぞ寝し[122]

하고 답가했다. 이에

　　빛에다 빛을 곁들이지 않으면 달이나 해를
　　나열하는 비유가 성립하지 않겠죠
　　光にし 光そはずは 月も日も
　　ならぶたとひに いはずぞあらまし[123]

하고 읊어 남자가 상황을 얼버무리려 하는데

---

[122] "어찌하여 빛이 둘이나 당신을 비추고 있지 않으면 안 되는 것입니까? 달이 숨었다고 핑계 삼아 저를 원망하십니까? 달 대신에 빛나는 아가씨가 계시다 생각해서 저는 물러나 잔 것입니다."

[123] "빛에 빛이 곁들여지지 않으면 해와 달을 나열해 말하는 비유가 성립하지 않겠지요. 그대도 함께 계셔 주셨더라면 좋았을 것을 하는 마음입니다."

"부모가 듣고 잔소리를 하는 것 같아 나도 이제 더 이상 안내는 어려울 것 같습니다"
하고 믿음직한 여자가 말했다. 사실은 전부터 친밀하게 지내는 남자가 있었기 때문에 부모를 핑계 삼아 말하는 것이었다.

그래서 남자는 이렇게 다시 읊어 보냈다.

시골집 베틀 바디로 짜 벌어진 올의 간격처럼
소원해진 만남에 괴로울 따름이오
東屋の 織る倭文機の 筬をあらみ
間遠にあふぞ わびしかりける[124]

게다가 전부터 믿음직한 여자에게 남자가 있었다는 사실을 안 이 남자는 또 이렇게 읊어 보냈다.

---

[124] "아즈마 시골집 옷감 짜는 베틀의 바디가 엉성해 실 가닥 간격이 벌어져 있는 것처럼 가끔밖에 만날 수 없는 사실이 괴롭습니다." 아즈마야(東屋)는 관동 지방의 시골집을 가리키며, 시즈(倭文)는 삼실 등의 씨실을 빨강, 파랑 등으로 물들여 다양한 무늬를 낸 고대의 직물을 말한다. 오사(筬)는 베틀에 딸린 기구로 날실을 고르며 씨실을 치는 바디를 가리킨다.

자기 의지로 그대가 스스로 짠 엉성한 옷감
소원해진 만남에 누굴 원망한 건지
心もて 君が織るてふ 倭文機の
あふ間遠きを たれにわぶるぞ[125]

그렇게 원망하면서도
"하지만 역시 방문하겠습니다"
하고 편지를 보냈지만, 두 번 다시 만나지 못하고 거리를 두고 지내고 있었다. 그러는 사이 믿음직한 사람이 다리를 놓아 만났던 그 여자도 이전부터 다니던 남자의 방문이 끊어져 이 남자에게

당신의 말과 변하지 않는다는 빛깔에 속아
매일매일 밤마다 허무히 잠들어요
言の葉の うへの緑に はかられて
竹のよなよな むなし寝やする[126]

---

125) "그대 자신의 마음 때문에 만남이 소원해졌는데 그것을 나는 지금까지 누구에게 호소하고 있던 것일까요? 그대를 향해 탄식하다니 어쩌면 이리도 보람 없는 일을 하고 있었던 걸까요?"
126) "당신의 달콤한 말에 더해 대나무의 변하지 않는 빛깔에 속아 당

하고 읊어 보내고는

"당신의 달콤한 언사에 마음을 기울이고 있었다고 생각하니 괴롭네요. 보내신 편지의 문구가 무척 신경 쓰입니다. 날이 저물면 꼭 와 주세요"
하고 전해 와서 남자는 그 믿음직한 사람에게도

"이런 말을 전해 왔습니다"
라는 말을 전하려 사람을 보내자 믿음직한 사람도 해 저물 무렵 여자의 집으로 찾아왔다. 그래서 함께 이야기를 나누고 있는데 믿음직한 사람이 남자에 대해

"이분은 아주 몹쓸 바람둥이라고 들었는데, 실제로 만나 보니 그렇지도 않네요"
라고 여자에게 말하고, 남자에게는 여자에 대해서 이렇게 노래로 읊어 표현했다.

강의 물결을 가로막아 높아진 강 수위처럼
보면 볼수록 더욱 뛰어난 그대네요
川避きに 堰きとどめたる 水上の

신을 믿고 있던 저는 매일 밤 허무하게 홀로 방을 지키고 있는데, 온당한 일일까요?"

見るまにまにも まさる君かな127)

그러자 남자는 이렇게 답했다.

강의 수위가 높이 차오르듯이 강을 막아서
나의 논에 끝없이 물을 흘려 주세요
水上の 思ひまさらむ 川避きて
わが田に絶えし 堰きてとどめむ128)

그곳에는 다른 시녀들도 합류해 고토(琴) 등을 능숙하게 타고 있었는데, 그중에 재치 있는 답변을 하는 사람이 있었다. 남자는 그냥 가만히 있을 수 없어
 "지금 고토를 타고 계신 분은 누구십니까?"
하고 믿음직한 여자에게 물었다.
 "이 집에 드나드는 친척분입니다"

---

127) "흐름을 막아 볼 때마다 점점 수위가 높아지는 강물처럼 이야기를 나누고 있으면 볼수록 뛰어난 그대(여자)네요."
128) "그러면 강의 수위가 높아지듯, 그분의 마음도 더 한층 차오르겠지요. 제 쪽을 향해 끊겨 있던 마음을 지금 곧 다시 향하도록 저쪽 물꼬는 막아 주셨으면 좋겠습니다."

라는 대답을 듣고 이 남자는 심중에 어떻게든 그 여자를 만나고 싶다는 생각이 움트기 시작했다. 하지만 처음 만났던 여자가 곁에서 듣고 있어서 노골적으로는 말을 꺼내지 못하고

"유감스럽게도 나에게는 여동생이 없으니 거기서 고토를 타시는 분, 나와 남매 사이가 되어 오누이처럼 의지하고 지낼 수 없을까요?"

하고 말하자 고토를 타던 여자가

"저도 오라버니가 없어 외로운 처지입니다. 그럼 가깝게 지낼까요?"

하며, 모두가 더 가까이 다가와 이야기를 나누다가 분위기가 무르익어 동이 틀 무렵이 되어서야 집으로 돌아갔다. 남자는 이튿날 아침 여기저기 소식을 전한다며

사태가 나면 이모세산에 나는 삿갓사초는
뿌리 뽑힌 풀처럼 말라 버리겠지요
くづれすな 妹背の山の 山菅の
根絶えばかるる 草ともぞなる[129]

---

129) "산사태 같은 것이 일어나지 않도록 하세요. 만일 무너져서 뿌리가 뽑히면 이모세산(妹背山)의 삿갓사초는 말라 버릴 터이니. 오누이

라는 노래를 고토를 타던 여자에게 읊어 보냈다. 그러자 여자는

삿갓사초는 사모하는 마음의 잎 무성한데
어찌 이모세산이 무너지겠습니까
山菅は 思ひやまずのみ 繁れども
なにか妹背の 山はくづれむ[130]

이렇게 노래를 주고받으며
"그런데 어떻게든 뵙고 싶군요. 요전처럼 모두 함께 만날까요?"
하고 남자가 말하자
"그런 자리에서 남들이 뭐라 생각할지…. 때를 봐서 다른 장소에서 만나지요"

사이라는 관계가 망가지지 않도록 해 주세요. 그렇지 않으면 만날 수 없게 될 터이니."
130) "저는 무너지지 않을 뿐 아니라 당신을 사모하는 마음이 점점 더 깊어집니다만, 어떻게 오누이라는 표면적 관계를 망가트리거나 할 수 있겠습니까?"

하고 여자가 대답했다. 그러자 남자가 다음과 같은 노래를 읊어 보냈다.

바위로라도 이내 몸 바꾸어서 언제까지나
소녀의 쓰다듬는 소매를 보고 싶소
巌にも 身をなしてしか 年経ても
をとめが撫でむ 袖をだに見む[131]

이에 대해 여자는

선녀 소매가 쓰다듬는 천세의 바위라 해도
영원하리라고는 생각하지 않아요
天つ袖 撫づる千年の 巌をも

---

131) "살아 있는 몸뚱이를 버리고 바위라도 되고 싶소. 그러면 영원히 바위를 어루만지는 아름다운 선녀의 소맷자락만이라도 볼 수 있을 텐데요. 만날 수 없다면 최소한 변치 않는 그대의 마음을 보고 싶군요." 《보살영락본업경(菩薩瓔珞本業経)》에 보이는 불교 설화로, 천인(天人)이 3년에 한 번 천의(天衣)로 쓰다듬고 이것을 반복해서 바위가 마멸할 때까지의 기간을 한 소겁(一小劫, 열 살에서 8만 4000살에 이르는 기간)으로 보는데, 이렇게 영원히 상대의 소맷자락만이라도 보고 싶다는 남자의 염원을 나타낸다.

ひさしきものと　わが思はなくに[132]

하고 읊어 보내면서도
　"이 편지를 전하는 자를 따라서 조심히 오세요"
하고 전하자, 남자는 여자가 있는 곳으로 찾아왔다. 여자는 남자를 방으로 불러들여 그 누구에게도 알려지지 않게 관계를 맺었다.

작품 해설

　'달이 밝으니 오시라. 함께 달을 봅시다'라는 식으로, 달이 연애의 계기가 되고 있다. 산전수전 다 겪어 세상 물정에 밝은 여자, 자신과 다른 남자 사이에 양다리를 걸친 여자들이 있는 곳에 '고토'를 타는 청초한 여자가 하나 등장한다. 남자는 그 여자에게 저절로 눈길이 가 와카를 읊어 보낸다. 남자는 여자를 불교에서 말하는 큰 반석에 3년에 한 번 내려앉아 가벼운 천의(天衣)로 바위를 쓰다듬는

---

[132] "바위라도 되고 싶으시다 말씀하시지만, 선녀의 소매가 쓰다듬는다는 천세 불멸의 바위조차 저의 언제까지나 변치 않는 마음에 비하면 영원하다고 말할 수 없지요."

선녀에 비유하고 있다.

30단 단풍 문답(紅葉問答)

또 이 남자는 부처님께 꽃을 바친다고 산사에 참배한 일이 있었다. 남자의 집 가까이에 재미있는 농담을 주고 받는 여자가 살고 있었는데, 두 사람은 각자의 집에서 외출하러 나오다가 문 가까운 곳에서 마주쳤다. 여자가 남자에게
 "어디 가십니까?"
하고 물어 와 남자는
 "단풍이 짙어진 산에 가려고 합니다"
말하고는

 지는 이파리 훑어서 뿌릴까요 소매를 펼쳐
 멈추어 세울까요 물든 산 단풍잎을
 散るをまた こきや散らさむ 袖ひろげ
 ひろひやとめむ 山の紅葉を[133]

---

[133] "지는 단풍을 세게 훑어서 흩뿌릴까요, 소매를 펼쳐 떨어지는 것을 받을까요? 이대로 지나쳐 갈까요, 아니면 가는 길을 멈춰 세우고 동행을 부탁할까요?"

이라는 노래를 읊어 보내고는

"어찌할까요? 원하시는 대로 따르지요"

하고 남자가 말하자 여자는

저의 소매와 이어 대지 않으면 한 손만으로

단풍을 받는 것은 충분치 않겠지요

わが袖と 継ぐべきものと 一つ手に

山の紅葉よ あまりこそせめ[134]

하고 읊어 보냈다. 남자는 여자의 답가에 설득당하고 말았다.

작품 해설

신사나 절에 가거나 참배하는 행위를 나타내는 말을 정리하면 다음과 같다.

---

[134] "소매를 펼쳐 받는다고 말씀하셔도 제 소매와 당신의 소매를 잇대지 않으면 산의 단풍은 당신의 손 하나로는 모자라겠지요. 저를 멈춰 세우지 않고서는 해결되지 않을 것입니다."

어휘	사용 장소	의미
오마이리(お参り, おまいり)	절	절에 참배하는 일
오마이리(お詣り, おまいり)	신사	신사에 참배하는 일
산구(参宮, さんぐう)	신사	신사(주로 이세 신궁)에 참예하는 일
참예(参詣, さんけい)	절, 신사	신사나 절에 가는 일
참배(参拝, さんぱい)	절, 신사	신사나 절에 가서 비는 일
모데(詣で, もうで)	절, 신사	신사나 절에 참예하는 일
하쓰모데(初詣, はつもうで)	절, 신사	새해 첫날 신사나 절에 참배하는 일

31단 소일 삼아 부르는 노래(歌のすさび)

 또 이 남자는 한 여자와 서신을 왕래하고 있었다. 특별히 깊은 관계도 아니고, 잠시 편지를 주고받는 사이였기 때문에 남자가 편지를 보내지 않자 여자가
 "어째서 소식을 주시지 않는 것입니까?"
하고 노래를 읊어 보내왔다.

 신사의 신관 우리 사이를 갈라 금줄을 쳤나
 말을 하는 것마저 이리 꺼리시다니
 祝部の 標やかきわけ 結ひてけむ
 言の葉をさへ われに忌まるる[135]

남자의 답가

 항상 그대를 마음에 간직하고 연모는 해도
 편지드리는 것을 꺼린 적은 없어요

---

[135] "신관이 우리 두 사람 사이를 갈라 금줄을 친 것입니까? 그래서 제게는 말씀을 전하는 것조차 꺼리시는 것입니까?"

木綿だすき かけてはつねに 思へども
問ふこと忌みの 標は結ばぬを[136]

그런 식으로 노래를 주고받다가 소식이 끊어져 버렸다.

작품 해설

시메나와(注連繩, 금줄)는 신을 제사하는 신성한 장소를 한정해 다른 장소와 구별하고, 부정하고 악한 기운의 침입을 금하는 표식으로 치는 새끼줄(繩)을 가리킨다. '標繩' 혹은 '七五三繩'라고도 쓴다. 《만엽집》와카에도 일정한 구역을 점유, 격리하는 의미로 '시메'라는 말이 사용되었으며, '標' 외에 '印', '繩' 등의 글자를 대응시키고 있다. '시메(シメ)'는 점유(占め, 占有)의 표시이며, 이 표시로 일정 영역을 점한 상태를 가리킨다. 신성한 장소에 친 시메나와는 이른바 '악한 기운의 침입을 불허하는 신의 영역(結界占地)'임을 표시한 것이다. 민속적으로도 신년에

---

[136] "항상 마음에 두고 그대를 그리워하면 했지, 편지를 드리는 일을 기피한 적은 없습니다."

마을의 경계 또는 문호(門戶)에 치거나 신사나 신목(神木), 반좌(磐座) 등에 치는 등 다양하게 사용되는데, 어떤 경우에나 안과 밖을 구분하는 의미를 띤다. 일반적으로 안쪽은 정역(淨域), 바깥쪽은 부정역(不淨域) 또는 속역(俗域)으로 여겨진다. 한반도의 금줄[禁繩]을 비롯해 동남아시아 일대에도 시메나와와 유사한 경계 표시 장치가 발견된다.

32단 삼 년, 삼천 년 문답(三年, 三千年問答)

또 이 남자에게는 기분에 따라 연애편지를 써 보냈다가 말았다가 하는 여자가 있었다. 그렇게 매듭이 지어지지 않은 채 시간이 지나고 세월이 흘러 버렸다. 남자로부터 오랫동안 편지가 없자 여자 쪽에서 11월 1일에
"우리 두 사람 사이는 이제 몇 년이나 되었나요?"
하고 물어 와, 왜 지금 와서 그런 것을 묻는 것인지 의아스럽게 생각해 손꼽아 세어 보자, 오늘은 꼭 3년째 되는 해의 첫날이었다. 그래서 남자는 이렇게 노래를 읊어 보냈다.

옛날 사람이 새 남편을 얻으려 제시했다는
삼 년이 되는 날이 바로 오늘이군요
いにしへの ことのたとひの あらたまの
年の三年に 今日こそはなれ[137]

[137] "옛날 사람이 재가(再嫁)의 결단을 내려도 좋을 때 증거로 내놓는 그 3년이 되는 날이 바로 오늘이었습니다. 그러면 그대는 그럴 작정이십니까?" 3년에 대해서는 뒤의 〈작품 해설〉 참조.

이에 대해 여자가

옛이야기에 삼 년이라고 하나 새로 고쳐서
우리는 삼천 년을 기다리는 것으로
古りにける 年の三年を あらためて
わが世のことと 三千年を待て138)

하고 읊어 보내자 다시 남자가

의지와 달리 목숨은 영원하지 않기 때문에
삼천 년 동안이나 기다릴 수는 없죠
心より ほかにいのちの あらざらば
三千年をのみ 待ちは過ぐさじ139)

---

138) "옛날에 3년이 지나면 이렇다 저렇다 하는 말이 있지만, 새로 고쳐서 우리 사이는 3000년 기다리는 것으로 하시지요. 서왕모(西王母)의 복숭아처럼 3000년이라면 아무리 꾸물거리는 사이라도 열매 맺을 터이니."

139) "나는 언제까지고 기다리겠지만, 내 의지와는 달리 맘대로 되지 않는 목숨이 다해 버리면 어찌할 도리가 없지요. 3000년이나 되는 시간을 그저 기다리며 지낼 수는 없습니다."

이렇게 읊어 보냈다. 그리고 이 남자는

"그래서는 그저 오랫동안 기다리는 관계의 비유로 끝나고 말겠지요. 역시 가림막을 두고라도 좋으니 어떻게든 만나고 싶습니다"

하고 전해 왔다. 그러자 여자는

"이제 와 사람을 시켜서 가림막을 두고 만날 필요가 있을까요? 이번 봄여름 아무 일도 없이 지나간 것도 마음에 들지 않습니다. 하지만 어차피 마찬가지이니 가을을 기다리세요"

하고 편지를 써 보냈다. 그러자 남자는 이렇게 읊었다.

만나는 길에 은하가 가로놓여 건널 수 없어
좋은 계절도 아닌 가을을 기대하나
あふみちに 天の川原を わたればや
ことの契りに 秋をたのむる[140]

---

[140] "그대와 만나는 길에는 오미지(만남의 길)의 오사카(만남의 언덕)가 아니라 은하수가 놓여 있다고 해서 좋은 계절도 아닌 가을에 만나자는 말씀입니까?"

여자의 답가

가을이 되면 만나자고 드리는 약속의 말은
이슬에 변치 않는 색으로 만들고파
秋待てと 人をたのむる 言の葉は
露にうつらぬ 色ことにせむ[141]

남자의 답가

이슬 젖어도 단풍이 떨어지지 않는다면야
기다리라는 말이 왜 괴롭겠습니까
露うつる 紅葉散らずは 秋まてと
いふことの葉を なにかわびまし[142]

141) "가을이 되면 만나자는 약속은 단풍처럼 이슬에 젖어도 변치 않는 특별한 색으로 만들자는 말씀입니다. 어찌 마음이 변하는 일이 있겠습니까?"

142) "이슬에 젖어도 단풍이 떨어지지 않는다면 가을을 기다리라는 말씀이 어찌 괴롭겠습니까? 아무리 변치 않는 색으로 만들고 싶다고 말씀하셔도 단풍은 결국 지는 것이니 약속하신 말씀도 덧없이 부서지는 것은 아닌지 걱정입니다."

이것을 듣고 어찌 생각한 것인지 여자는 만남을 허락했다.

작품 해설

첫 번째 와카에서 '옛날 사람이 새 남편을 얻으려 제시했다는 삼 년이 되는 날'이란, 나라 시대 701년에 편찬된 다이호 율령(大宝律令)에 정한, 남편이 다른 지방에 가서 돌아오지 않거나 아무런 소식 없이 3년이 지나면 아이가 없는 경우 결혼 관계를 해소하고 다른 사람과 결혼할 수 있다는 사실을 전제로 하고 있다. 또한 두 번째 와카 '우리는 삼천 년을 기다리는 것으로'에서 3000년이란 옛날 한(漢)나라의 서왕모(西王母)가 무제(武帝)에게 3000년에 한 번 열매가 달린다는 복숭아를 헌상했다는 고사(《한 무제 내전》)에 따른 것으로, 불로장생을 기원하는 의미로 사용한 것으로 보인다.

33단 여자의 원망(女の恨みごと)

 또 이 남자에게는 겉으로는 그런 티를 내지 않았지만, 남몰래 연서를 주고받을 정도로 친숙하게 지내는 여자가 있었다. 그러나 관계를 맺는 일은 쉽지 않았다. 결혼하고 싶은 생각은 끊이지 않았는데, 어느 날 남자가 여자와 다른 여자들 그리고 친척 관계인 남자를 데리고 꽃을 따기 위해 외출했다. 그렇게 산을 헤치고 들어가 무척 즐겁게 시간을 보내고 있을 때, 남자의 말이 밧줄을 끊고 달리기 시작했다. 말이 거칠게 날뛰어 좀처럼 잡히지 않자 마음을 터놓고 편지를 주고받던 여자가
 "무서울 정도로 기세가 좋네요"
하고 말했다. 그러자 남자가 읊었다.

 봄날 들판에 맹렬하게 날뛰는 망아지보다
 그대의 마음이 더 붙잡기 어렵소만
 春の野に 荒れてとられぬ 駒よりも
 君が心ぞ なつけわびぬる[143]

 여자의 답가

고삐 쥔 손에 순해질 정도라면 잡히겠지만
그렇지 않으니까 사나운 것이겠죠
とる袖の なつくばかりに 見えばこそ
摘野の駒も 荒れまさるらむ[144]

---

143) "봄의 들판에 거칠게 날뛰어 붙잡히지 않는 말보다 아무리 시간이 지나도 제 말을 들어주지 않는 그대의 마음을 붙잡는 일이 훨씬 고생스럽소."

144) "고삐를 쥔 손놀림에 말이 고분고분해질 정도라면 붙잡기도 하겠지만, 그렇지 않으니 결국 사납게 날뛰며 도망치는 것이겠지요. 당신이 말뿐이 아니라 진심을 보이면 좋겠지만요."

34단 눈으로 지켜보면서도(目に見す見す)

또 이 남자에게는 아주 뛰어난 여자는 아니지만, 한결같이 마음에 두고 다른 사람의 눈을 피해 밤마다 방문하는 여자가 있었다. 그런데 결혼 생활을 이어 가고 있던 시기에 여자는 이 남자와는 비교도 할 수 없을 정도로 고귀한 분과 교제를 시작해 상대가 보낸 연서에 답신을 올리는 것 같았다. 그곳은 남자도 이전부터 출입을 허락받은 궁가(宮家)였기 때문에, 넌지시 의심의 기색을 내보이며 때때로 여자에게 원망하는 말을 건넸다. 그런데 이 새로이 접근해 온 고귀한 남성은 지체 높은 집안의 아가씨나 하급 시녀 할 것 없이 마음 내키는 대로 찾아다니는 사람이었기 때문에 남자는 여자를 제대로 지키지 못한 일을 유감스럽게 여겼지만, 여자는 결국 그 지체 높은 집안의 남자에게 자신을 맡기고 말았다. 그러나 여자는 그 후에도 시치미를 떼고 남자와 부부의 대화를 이어 갔다. 이 남자는 대놓고 여자를 몰아세울 수 있는 처지가 아니어서 내내 무정하다 원망을 하고 있었다.

이 남자는 노래를 보낼 때마다 입버릇처럼 '오사카(逢坂)'[145]라는 말을 읊어 넣었기 때문에 여자는 남자에게 '오사카'라는 별명을 붙였다. 그것을 알고 있던 남자는 이렇게 써 보냈다.

오사카라고 믿어 의심치 않은 관(關)의 이름이
지금은 나를 막는 산이 된 것일까요
逢坂と わがたのみくる 関の名を
人守る山と いまはかふるか146)

이에 대한 여자의 답가

그 오사카는 길을 막는 관으로 이름 높으니
당신이 산을 지켜 사람을 막으세요
逢阪は 関といふことに たかければ
君守る山と 人をいさめよ147)

145) 오사카(逢坂)는 오쓰시(大津市) 남부에 있는 고개로, 도카이도(東海道)에서 긴키(近畿) 지방으로 돌아오는 사람을 '만나는 고개(逢う坂)'라 해서 붙은 이름이다.
146) "그대는 나를 '오사카'라고 불러 주셨습니다. 그러니 우리 둘 사이는 그 이름대로 언제나 만나야 합니다. 이제까지 어느 누구도 끼어들지 못할 부부 사이라 믿고 다녔는데, 지금은 나의 출입을 막는 산이 된 것입니까?"

하고 몹시 흥분해서 편지를 보내와 남자는 다시 한번

거짓 행위를 바로잡는 다다스 숲 신을 걸고
맹세하여 주세요 나를 사랑한다면
いつはりを ただすの森の 木綿だすき
かけて誓へよ われを思はば[148]

하고 읊어 보냈지만, 여자는
"친정에 와 있습니다"
라고 하며 답신도 하지 않아 남자는 우울해져 이제 편지도 쓰지 않고 그렇게 잠시 지내고 있었다.

이 남자에게는 이 여자 외에 종종 다니는 여자가 있었

---

147) "오사카는 만난다는 의미보다 사람의 길을 막는 관소로 유명하니 이제부터는 당신이 지키는 산이라고 이름을 바꿔 다른 사람이 오는 것을 막으시지요."

148) "거짓을 바로잡는다는 '다다스 숲(糺の森)'의 신을 걸고, 두마음은 먹지 않는다고 약속해 주세요. 정말 나를 사랑한다면." 다다스 숲(糺の森)은 교토시(京都市) 사쿄쿠(左京区)의 시모가모 신사(下賀茂神社) 경내의 숲으로, '다다스'는 거짓을 바로잡는다는 의미를 가지고 있어 가케코토바로 사용한 것이다.

는데, 밤이 어슴푸레 밝을 때 그 여자네 집에서 돌아왔다. 오는 도중에 앞의 여자가 살던 집 근처를 지나다가 친정에 돌아갔다는 말이 사실인지 궁금하기도 하고, 여자가 머릿속에서 떠나지 않아 멈춰 서서 살펴보았다. 그러자 문 안쪽에 우차를 세우고 그 귀공자의 수행원들이 여럿 서 있었다. 그때 남자가 아무 말도 하지 않고 정원 안쪽으로 몰래 숨어들어 가 엿보고 있는데, 여자가 격자문을 들어 올리고 그 귀인을 배웅하고 있었다. 남자는 이렇게 두 눈으로 현장을 본 자신의 행위를 한심하다고 생각해 말할 수 없이 괴로웠지만, 최소한 뭔가 한마디라도 하자, 현장을 봤다는 사실만큼은 알리고 싶다고 생각해 판자 툇마루 끝 쪽으로 다가와 큰 소리로

"아아, 예쁜 꽃이로군"

하고 말하자 그 여자는 귀인을 배웅하고 아직 안으로 들어가기 전이었기 때문에 목소리의 주인이 누군가 궁금해 밖을 살폈다. 그러다 남자와 눈이 마주쳤다. 이에 여자가

"어찌하여 여기 이렇게…"

하고 말하자 남자는

"이 정원의 꽃이 제 눈앞에서 떨어지는 것을 보려고 온 것입니다"

하고 말했다. 그렇게 말한 까닭은 그 건물 앞에 매우 아름

답게 피어 있는 벚꽃이 봄의 끝 무렵이어서 계속 떨어지고 있었기 때문이었다. 그것을 보고 남자는

  뻔한 사실을 변명하지 말아요 이미 벚꽃은
  봄도 끝이라 해서 지고 있으니까요
  あらはなる ことあらがふな 桜花
  春をかぎりと 散るは見えつつ[149]

하고 읊고는 서둘러 나가자,
  "전혀 그런…. 잠시 기다려 주세요"
하고 멈춰 세우려 했지만, 아무래도 이 상황을 견딜 수 없었는지 남자가 나가 버리자 여자는 억지를 부리듯 이렇게 읊어 보냈다.

  눈에 띌 정도로 쉬이 변해 버리는 꽃이라 해도
  바람만 없었다면 지지 않았을 테지요
  色にいでて あだに見ゆとも 桜花

---

[149] "뻔히 알고 있는 사실을 항변하려 하지 마세요. 보세요. 눈앞의 벚꽃이 이제 봄은 끝이라고 지고 있잖아요. 그처럼 두 사람 사이는 이제 끝이라는 듯 그대 마음이 다른 데로 옮겨 간 것을 이 눈으로 보았으니."

風し吹かずは 散らじとぞ思ふ[150]

하지만 남자는
'다른 곳으로 외출해서 없다'
전하고는 답신도 하지 않았다.

그런 일이 있고 나서 나중에 다니던 신분 높은 남자도 이전의 남자가 여자의 집에 자신과 번갈아 드나드는 것을 보았다는 사람의 말을 전해 듣고는
'아직도 전남편이 다니고 있었다니…'
생각하며 발길을 끊어 버렸다.

작품 해설

자신이 다니던 여자의 집에 새로운 남자가 나타난다. 자신과 비교도 되지 않을 만큼 고귀한 신분의 남자다. 그런 상황에 처한 남자의 행동이 묘한 질투심으로 생생함을

---

150) "눈에 보일 정도로 쉬이 시드는 꽃이라 해도 바람만 불지 않는다면 지지 않았을 텐데 말입니다. 저도 바람기 있어 보여도 심한 바람이 불지 않았다면, 내 힘으로는 어찌할 수 없는 고귀한 분이 다가오지만 않았어도 변치 않았을 것입니다."

전달한다. 왕조 문화가 정점에 달한 시기를 엿보게 하는 내용이다.

35단 해변의 노래(浜辺の歌)

 또 이 남자에 대해 그리 대수롭지 않은 일로 세간에 이런저런 소문이 돌던 때가 있었다. 내막은 이렇다. 남자를 증오하던 한 여자가 매우 어처구니없는 거짓을 날조해서는 강하게 주장하고 다녔다. 그런 까닭에 남자는 도저히 견딜 수 없어 마음도 위로할 겸 기분 전환을 위해 셋쓰 지방(摂津国)으로 갔다. 출발하기 전 다른 사람들 모르게 관계를 맺고 있던 여자에게

 "이런저런 사정으로 셋쓰로 갑니다. 불쾌한 일 따위는 잊을 수 있지 않을까 해서 갑니다"
하고 써 보내자 여자가

 세상 염증을 떨쳐 버릴 나가스 해변이라면
 저도 당신과 함께 가야 하지 않을까
 世の憂きを 思ひながす(長州)151)の 浜ならば

---

151) 나가스(ながす)는 '떠내려 보내다' 또는 '씻어 내다'라는 의미의 '나가스(流す)'와 동음인 셋쓰(摂津) 지방의 지명 '나가스(長州)'를 중의적으로 사용한 것으로, 날조된 소문으로 인한 울분을 떨쳐 버리기

われさへともに ゆくべきものを[152]

하는 노래를 읊어 보냈다. 남자는 답가로

불쾌한 얘기 듣고 싶지 않으니 부정 씻으며
시름을 흘려보낼 나가스로 가지요
憂きことよ いかで聞かじと 祓へつつ
違へながすの 浜ぞいざかし[153]

하고 읊고는 혼자 길을 떠났다.
    셋쓰 지방에 도착해 나가스 해변으로 나가 그물을 드리우기도 하면서 즐기고 있으려니까 화창한 봄이라고 바다는 무척 한가롭고 잔잔했다. 해가 질 무렵, 언제부터 그

(流す) 위해 '나가스(長州)'라는 지역으로 떠난 것이다. 이곳은 헤이안 시대에 교토 사람들이 부정을 떨쳐 버리기 위해 의식을 행하던 곳이다.

152) "당신이 가시는 곳이 이 세상의 염증을 떨쳐 버릴 나가스(長州) 해변이라고 하면 저도 함께 가야 하는데, 혼자 남겨져서는 당신 이상으로 괴로운 마음이 듭니다."

153) "어떻게든 불쾌한 이야기를 듣지 않으려 부정을 떨쳐 버리는 의식을 하면서 나가스 해변에서 시름을 인형에 옮겨 흘려보낼 것입니다. 자, 함께 갑시다."

런 생각이 든 걸까? 진절머리 나던 교토가 자꾸만 그리워져 멍하니 바다를 바라보고 있자니 노래가 떠올랐다.

멀리 이어진 해변을 바라보고 있으려니까
눈물이 밀물처럼 소매를 적시누나
はるばると 見ゆる海べを ながむれば
涙ぞ袖の 潮と満ちける154)

라 읊고는 날이 저물 때까지 바다를 바라보며 시름에 젖어 있었다.

그렇게 이튿날 아침, 엊저녁 이런 노래를 읊었노라고 편지를 써서 교토의 그 특별한 이별의 노래를 나눈 여자에게 보냈다. 편지를 받은 여자는

바닷가 사람 소매까지 적시는 밀물이 와도
갈대를 태우는 집 있으니 말랐겠죠
なぎさなる 袖まで潮は 満ち来とも
葦火焼く屋し あれば干ぬらむ155)

---

154) "아주 멀리멀리 이어져 있는 바다를 시름에 젖어 바라보고 있으려니까 눈물이 마치 밀물이 차오르듯 소매를 적셔 버렸습니다."

하고 읊어 전해 왔다. 여자가 이런 귀여운 원망의 노래를 읊어 보내와 남자는 오래 머물지 못하고 돌아온 것이었다.

작품 해설

　본 단은 '옛날, 한 남자가 셋쓰 지방(津国)에 영지가 있어'로 시작되는 《이세 모노가타리》 66단과, '옛날, 한 남자가 셋쓰 지방의 우바라군(兎原郡) 아시야(蘆屋)에 영지가 있어'로 시작되는 87단을 의식하고 쓴 것으로, 《이세 모노가타리》의 영향이 역력하다. 무엇보다 남자의 자기변호 어조가 독특하다.

155) "해안가에 있는 사람의 소매까지 밀물에 적실 정도로 눈물로 지새웠다고 말씀하셔도 셋쓰 지방에는 소문이 자자한 갈대를 태우는 오두막집이 있으니 소매 적신 눈물도 말랐겠지요. 틀림없이 그쪽에 이제 좋은 사람이 생겨서 당신을 위로하고 있는 것이 아닙니까?"

36단 졸참나무가 늘어선 문(楢の木ならぶ門)

 그런 일이 있고 나서 어느 해 가을 이 남자는 서편 교고쿠(京極) 구조(九条) 근방156)으로 외출했다. 그 부근에 담이 무너진 저택이 있었는데, 그래도 사람이 사는지 항상 격자를 댄 판자문은 올려 젖혀져 있었고 발이 드리워져 있었다. 그런데 벌어진 발 틈으로 여자들 모습이 여럿 보여 이 남자는 그냥 조용히 지나치지 못하고
 "어째서 댁의 정원은 이렇게 관리가 안 되어 있는 것입니까?"
하고 집 안에 있는 여자에게 물었다. 그러자
 "누구신지요, 그리 말씀하시는 것은?"
하고 되물어
 "그저 지나가는 사람이오"
하고 대답했다. 무너진 토담 사이로 밖을 살피던 여자가

 사람이 없어 정원은 황폐하고 길도 막혔소

---

156) 교고쿠(京極) 구조(九条) 근방이란 우쿄(右京) 교고쿠 대로(京極大路)와 구조 대로(九条大路)가 교착하는 부근으로 인가가 뜸하다.

쑥 풀이 무성한데 집으로 보이나요
人のあきに 庭さへ荒れて 道もなく
よもぎしげれる 宿とやは見ぬ157)

라는 노래를 써 건넸지만 남자는 답신을 쓸 도구를 가지고 있지 않아 그냥 입으로 직접 전하게 했다.

그 누구에게 버려져 황폐해진 집이랍니까
나라면 정원에 풀 키우지 않을 텐데
誰があきに あひて荒れたる 宿ならむ
われだに庭の 草は生さじ158)

이렇게 읊어 전하고, 그곳에 긴 시간 말에 탄 채 서 있는 것도 우스워서 일단 돌아갔는데, 두 사람은 그 일을 계기로 편지를 주고받기 시작했다. 어쩌면 어디 안 보이는

---

157) "남자에게 싫증을 느껴 조용히 지내고 있으려니 이 가을은 찾아오는 사람도 없이 정원도 황폐해져 길도 풀로 막혀 버렸습니다. 쇠락한 여자의 집이라는 사실을 보면 모르시겠습니까?"

158) "누구에게 실연당해 버려져 황폐해진 집이라는 말입니까? 지나가던 나조차 이 광경을 보면 자주 발걸음을 옮겨 정원에 풀이 자라게 하지 않을 텐데."

곳에 숨어서 자신을 엿볼 남자라면 큰일이라 여겨 여자가 끝끝내 누구누구의 집이라고 밝히지 않아 남자도 무리해서 어느 집 출신인지 묻지 않았고, 그렇게 의문을 가진 채 때때로 연서를 보내고 있었다.

그러다가 꽤 시간이 지난 어느 날 다시 심부름꾼을 보냈더니

"이곳에 계셨던 분은 벌써 오래전에 다른 곳으로 가셨습니다"

하고 아무것도 모르는 미천한 머슴이 혼자 남아 기다렸다는 듯이 말하며

"'혹시 심부름꾼을 보내시면 전해라' 하시며 이것을 주시고 가셨습니다"

하고 작은 쪽지 편지를 건네는 것이었다. 심부름꾼은 남자가 있는 곳으로 돌아와

"이러이러하다고 합니다"

라고 말해 이상하게 여겨 혹시 옮겨 간 곳이 어디인지 쓰여 있을지도 몰라 서둘러 편지를 펼쳐 보았다. 그러나 그저 다음과 같은 노래가 적혀 있을 뿐이었다.

저 사는 집은 나라에 있습니다 오토코야마
산을 넘어오시면 꼭 방문해 주세요

わが宿は 奈良のみやこぞ 男山[159)]
越ゆばかりにし あらば来て問へ[160)]

 이렇게만 쓰여 있어서 남자는 몹시 서운하게 생각해 전에 여자가 살던 집으로 다시 심부름꾼을 보내 집을 지키는 사람 손에 물건을 쥐어 주고 여자가 간 곳을 물었지만,
 "그저 나라에 가셨다는 것밖에 듣지 못했습니다"
라고 할 뿐이어서 찾아갈 방도가 없었다. 단지 나라라는 사실만으로는 어디를 목표로 가야 할지 막막했다. 그렇게 지금 당장은 그 생각이 뇌리를 떠나지 않았지만, 결국 여자를 잊은 채 세월이 흘러갔다.

 이런 일이 있고 나서 남자의 부모가 조용히 하쓰세(初瀬)[161)]에 참배하러 간 적이 있었는데, 이 남자도 함께 참

---

159) 오토코야마(男山)산은 교토부(京都府) 야와타시(八幡市)에 있는 산으로 교토에서 옛 도읍인 나라(奈良)로 가는 도중에 있다.
160) "저희 집은 나라(奈良)에 있습니다. 혹여 오토코야마(男山)산을 넘어 이쪽으로 오실 일이 있으면 찾아 주세요."
161) 하쓰세(初瀬)는 하세사(長谷寺)를 가리키는 말로, 나라현(奈良県) 사쿠라이시(桜井市) 하쓰세(初瀬)에 있는 절이다. 십일면관음(十一面観音)의 영험이 높다고 알려져 헤이안 시대 당시 사람들이 자주 찾던 신앙의 장소다.

배를 위해 길을 떠났다. 가는 도중 전에 여자가 읊어 보낸
 '오토코야마 산을 넘어오시면'
이라는 노래가 떠올라
 "아, 그런 노래를 읊은 여자가 있었지"
하고 수행원과 이야기를 나누었다. 그렇게 하쓰세에서 참배를 마쳤다.

 돌아오는 길에 아스카모토(飛鳥本) 부근에서 안면이 있는 승려와 시골 사람들이 나와서
 "오늘은 여행을 계속하기에는 시간대가 애매합니다. 나라 언덕을 넘어가면 머물 곳이 없습니다. 여기서 머물러 가시지요"
라 말하며 붙잡아 일행은 그곳에 머물기로 했다. 출입구를 하나로 이어 두 채를 한 채로 개조한 집으로, 운치 있는 곳에 머물게 되었다. 저녁도 주인이 대접해 주어 식사를 마치자 떠들썩한 소란도 일단락되고 어느덧 날도 저물었다. 이 남자는 문이 있는 곳으로 나와 조용히 서서 주변을 둘러보았다. 그러자 남자가 있는 이 집 남쪽 문에서 북쪽 문 있는 데까지 졸참나무가 길게 늘어서 있는 것이 보였다.
 "이상하군. 다른 나무는 한 그루도 없고 오로지 이 나무뿐이라니"

하고 혼잣말로 중얼거리며 북편 집 쪽으로 조용히 숨어들어 안을 엿보았다. 격자를 댄 판자문을 올려 젖히고 발 가까이에 여자들이 여럿 모여 앉아 있었다. 그런데 밖을 바라보던 한 여자가

"이상하네"
하고 말하며 하인을 시켜 남자를 수행하고 있는 사람을 불러와

"지금 거기서 엿보고 계신 것은 남쪽 숙소에 머물고 계신 분입니까?"
하고 물었다. 그러자 수행원이

"그렇습니다"
하고 대답했다. 그러자 다시

"그런데 그분은 누구십니까?"
하고 물어 수행원이 남자의 이름을 댔다. 이름을 들은 여자들은 몹시 감동한 듯 자기들끼리 말하기를

"아니, 이게 무슨 일입니까. 무너진 토담 사이로 한 번 본 얼굴을 기억하고 있다니"
그 말을 밖에서 언뜻 들은 남자는 그 교고쿠 구조의 황폐한 집에 거주하던 여자라는 사실을 알고,

'참 알 수 없는 일이군. 하필 이런 식으로 여자의 집 옆에 머물게 되다니…'

하고 생각하자 기쁘기도 하고 한편으로는 여자가 한 남자의 처로 받아들여져 이곳에 살고 있는 것은 아닌지 등, 이런저런 생각을 하고 있는데 여자 쪽에서 노래를 읊어 전해 왔다.

나라로 간다 알려 드린 일조차 부끄러운데
오는 길에서조차 찾지 않으셨지요
くやしくぞ 奈良へとだにも 告げてける
たまぼこに[162]だに 来ても 問はねば[163]

이렇게 써서 가지고 온 것을 보니 그때
'정원은 황폐하고'
라는 노래를 읊어 보낸 사람의 필적이었다. 교토가 왠지 모르게 그리웠는데 교토에서 만났던 사람과 다시 만난 사실이 마음에 와닿아 흥미롭게 생각한 것일까, 남자는 벼루

---

162) 여기서 '다마보코니(たまぼこに)'는 마쿠라고토바로 사용된 것이 아니라 길[道]의 의미로 사용되고 있다.
163) "나라로 간다고 알려 드린 일조차 정말 부끄러운 일인데, 실제로 나라에 오셨다고 해도 오시는 길에 저를 찾으려고 하지 않으셨으니 더더욱 분합니다."

를 빌려 이렇게 읊어 적었다.

졸참나무가 늘어선 집이라는 말 안 했지만
이름에 연고 느껴 숙소로 빌렸지요
楢の木の ならぶ門とは 教へねど
名にやおふとぞ 宿は借りつる164)

이에 대해 여자는
"어쩜, 잘도 둘러대시네요"
하고 말하며 이렇게 답장을 보내왔다.

문을 지나쳐 그 하쓰세강까지 건너신 것도
나를 위해서였다 둘러대시려나요
門過ぎて 初瀬川まで 渡れるも
わがためにとや 君はかこたむ165)

---

164) "나라로 간다는 말뿐이었지 졸참나무가 늘어선 집을 표적으로 찾아오라고까지는 가르쳐 주지 않았지요. 하지만 그대를 잊지 못한 나는 이곳이 '나라'라는 이름과 연고가 있는 나무가 늘어서 있어 연관이 있을지도 모른다 생각해 머문 것입니다." '나라노 기(楢の木)'는 졸참나무를 말하는데, '나라'라는 음이 남자가 현재 와 있는 지명 '나라(奈良)'와 동음인 점에 착안한 와카다.

이것을 본 남자는 다시 이렇게 써 보냈다.

"자비로우신 쇼토쿠 태자(聖德太子)의 집을 찾고 있다가 이곳에 머물게 된 것입니다.[166] 너무 몰아세우지 마세요"

폭이 넓은 강 건너다 만날지도 모른다 하여
그 하쓰세강까지 찾아간 것입니다
ひろのもの 君もや渡り あふとてぞ
初瀨川まで わが求めつる[167]

이런 노래를 주고받는 사이에 날이 저물었다. 여자가

---

165) "그러면 여행 중에 모르는 얼굴 하고 이 문 앞을 지나쳐 하쓰세강(初瀨川)까지 건너가신 것도 나를 만나기 위함이었다고 둘러대실 작정인가요?"

166) 나라(奈良)는 쇼토쿠 태자(聖德太子)가 태어난 곳이며 그가 자애로운 인물이었다는 점에서, 남자가 나라에 오면서도 자신을 찾으려는 의도가 전혀 없었음을 추궁하는 여자에게 쇼토쿠 태자처럼 자비를 베풀어 달라는 의미에서 언급한 것으로 보인다.

167) "하쓰세강은 건너는 곳의 폭이 넓은 강, 그대도 건너게 되어 만날 수 있을지 모른다고 생각해 하쓰세강까지 찾아간 것입니다."

"돌아가지 말고 이곳에 오래 머물러 주세요"
라고 해서 가까이 다가가, 뚜렷한 목적지도 없이 여자를 찾아다니다가 지친 사연을 구구절절 이야기하고 있는데 날이 밝았다. 꾀병을 부려서라도 이곳에 더 머물고 싶었지만, 남자는 과할 정도로 부모에게 순종적인 사람이어서 하룻밤 다른 곳에 머문 것만으로도 부모는 걱정하실 테고, 하물며 여행지이니 더더욱. 이렇게 생각하면서도 또 한편으로는 여자와의 헤어짐이 아쉬워 매우 친밀하게 대화를 나누면서도 결국 여기에 남을 수는 없다고 생각해 날이 밝자

"오늘은 돌아가지만 다음에 꼭 다시 올 테니 그때까지 기다렸다가 제 의지가 어떤지 지켜보세요"
라 말하며 부모가 머무는 남쪽 숙소로 돌아갔다. 그리고 여자에게 노래를 읊어 보냈다.[168]

　아침 일찍이 내 가는 곳 어딘지 하얀 파도가
　밀려올 틈도 없이 되돌아가려 하오
　朝まだき 立つそらもなし 白浪の

---

[168] 기누기누 편지(後朝の手紙)라 해서 남자가 여자를 방문하고 돌아와 바로 편지를 보내는 풍습이 있었다.

返る間もなく 返り来ぬべし[169]

이 노래를 보고 여자는
"그럼, 방법이 없네요. 서둘러 돌아오셔야 합니다. 늦어지면 이제 뵐 수 없을 것입니다"
라 말하며 노래를 읊어 보냈다.

기다리라며 돌아오시지 않아 나중이 되어
사루사와의 연못 원망하지 마시길
待つほどに 君返り来で 猿沢の
池のこころを のちにうらむな[170]

---

[169] "아침 일찍 헤어져 나오는 마음이 혼란스러워 어디로 가는지도 모를 정도입니다. 파도가 다시 밀려올 틈도 없이 지금 바로 되돌아가겠습니다."

[170] "기다리는 동안에 당신이 되돌아오시지 않아 깊은 절망감에 그 옛날 우네메(采女)처럼 사루사와 연못(猿沢の池)에 몸을 던지게 만들어 당시의 천황처럼 나중이 되어서야 연못을 원망하는 일은 하지 마세요." 여기서 우네메(采女)란, 지방관(国司)의 지휘 아래 군(郡)을 다스리던 지방 유력자의 가족 중에서 선발되어 후궁에서 잡일을 맡아보던 낮은 계급의 여관을 말한다. 사루사와 연못(猿沢の池)에 몸을 던진 우네메의 이야기는 《야마토 모노가타리(大和物語)》 150단을 바탕으로 하고 있다.

모두 출발 준비를 갖추고 말에 오르는 상황에서 이별이 괴로워 여자가 이런 결단의 노래를 읊어 전한 것을 보자 남자는 갈등이 일었다. 정말 금방 돌아온다고 말하러 갈까도 생각했지만, 그러다가 무심코 오래 머물게 되어 출발이 늦어질지도 모르니 그래서는 안 된다고 부모의 마음을 지나치게 걱정하는 사람이었기에 결국 여자에게 가지 않고 이런 노래를 읊어 보냈다.

보통 때라면 아무 데도 안 가요 하지만 나는
사루사와 연못의 마음을 잘 모르니
おほかたは いづちもゆかじ 猿沢の
池のこころも わが知らなくに[171]

하고 입으로 전하게 했다.

---

[171] "보통 때라면 아무 데도 가지 않을 것입니다. 그대가 사루사와 연못에 몸을 던지신다면, 나는 연못의 마음도 모르고 그 바닥은 어두워 도저히 찾을 수 없을 테죠. 이번만큼은 특별한 사정이 있으니 다음을 기약합시다."

작품 해설

　《헤이추 모노가타리》에 등장하는 남자의 성격을 가장 잘 표현한 내용으로, 마치 의도적으로 《이세 모노가타리》의 남자와 대별되는 행동 패턴을 그리고 있는 듯하다. 《이세 모노가타리》의 배경이 6가선 시대라고 하면 《헤이추 모노가타리》는 《고금와카집》의 찬자 시대로, 젊은 남자의 연애 방법에서 큰 차이를 보인다. 특히 이 부분은 《이세 모노가타리》 1단을 의식한 내용으로 보이는데, 《이세 모노가타리》의 남자가 옛 도읍인 나라(奈良)에 왔다가 우연히 엿본 여자의 아름다움에 마음을 빼앗겨 그 자리에서 자신이 입고 있던 사냥복의 소매를 찢어 거기에 노래를 읊어 써 보내는 정열적인 행동을 하는 것과 달리 여기서는 착한 아이 콤플렉스를 가진 남자가 등장한다. 여자와 함께 있고 싶지만, 부모를 의식해 돌아가야 하는 '매우 현실적이고 시시한' 남자가 등장한다. 《헤이추 모노가타리》를 대표하는 '뜨뜻미지근한' 남자를 잘 표현하고 있다.

37단 푸른 줄 여인(若菰の女)

또 이 남자는 아름답게 성장한 사촌 자매들과 한집에 살고 있었다. 처음에는 보통 정도의 여자들보다 못한 용모의 자매라고 생각했는데, 성장하면서 상당한 미인으로 변모했다. 그래서 남자는 관심이 생겨 언제 한번 말을 붙여 볼 수 있을까 생각하다가 푸른 줄(若菰)172)이 놓여 있는 것을 여자가 만지작거리는 모습을 보고 노래를 읊었다.

그댄 늪에서 자란 것도 아닌데 마치 줄처럼
눈으로 볼 때마다 아름다워지네요
沼水に 君は生ひねど 刈る菰の
めに見す見すも 生ひまさるかな173)

---

172) 줄(菰)은 볏과의 다년초로 연못이나 냇가에 절로 나는데, 키는 1~2미터까지 자라고 잎은 무더기로 나 8~9월에 꽃이 핀다. 줄기는 돗자리를 짜는 데 사용한다.

173) "그대는 늪에서 자란 것도 아닌데 마치 그대가 만지작거리고 있는 줄처럼, 보면 볼수록 아름답게 성장하네요."

그러자 여자가 읊기를

늪에 난 줄은 항상 보고 있지만 불편합니다
진심 없는 마음이 비쳐 보이니까요
刈る菰の 目に見る見るぞ うとまるる
心あさかの 沼に見ゆれば[174]

라니, 참 어지간히 잘 받아치는군.

작품 해설

이 단에 대해서는 《이세 모노가타리》 49단에서 여동생에게 접근하는 남자의 이야기와의 영향 관계를 논하는 연구가 있다. 《이세 모노가타리》 49단 내용은 다음과 같다.

옛날, 한 남자가 무척 사랑스러운 여동생의 모습을 보고는

---

[174] "항상 가까이서 보고 있지만, 이런 노래를 보내신 당신이 왠지 꺼려져 견딜 수 없습니다. 마음에 진심이 없는 당신이 비쳐 보이기 때문입니다."

젊디젊어서 함께 잠들고 싶은 청초한 네가
다른 이와 맺다니 애석할 따름이다
うら若み 寝よげに見ゆる 若草を
人のむすばむ ことをしぞ思ふ

이렇게 말했다. 그에 대한 여자의 답가

어째서 그런 기묘한 이야기를 하시옵니까
그저 남매라고만 생각해 왔는데요
初草の などめづらしき 言の葉ぞ
うらなくものを 思ひけるかな

　고대 일본 사회에서 사촌 간 혼인은 천황가를 비롯해 매우 흔한 일이었다. 다만, 같은 어머니 아래에서 태어난 오빠와 여동생 사이나 누나와 남동생 사이의 혼인은 금기시되었다. 그러나 배다른 남매지간의 결혼은 인정되었다. 헤이안 시대 이후의 천황들은 후지와라씨의 딸들과 혼인하는 사례가 많아 필연적으로 근친혼이 성행할 수밖에 없었다. 더욱이 일부다처제 사회(다부다처제 사회라고 보기도 함)였기 때문에 한집 안에 동복(同腹) 또는 이복(異腹) 형제자매가 함께 거주하는 경우가 많았다.

38단 비구니가 된 사람(尼になる人)

　또 이 남자가 저잣거리라 불리는 곳으로 외출했는데, 소가 끄는 가마의 발 틈으로 아름다운 여자의 모습이 뚜렷이 보여 앞뒤 가리지 않고 종자를 시켜 말을 전하게 했다. 지방관의 딸로 아직 남자가 다니는 것 같지도 않았다. 황후를 모시는 여관(女房)이었다. 남자와 여자가 저자에서 각자의 집으로 돌아온 후 남자는 여자가 어디에 사는지 수소문해 노래를 읊어 보냈다.

　얼마나 많은 소매가 있었는지 잘 모르지만
　무엇보다 붉은색 소매가 그립구나
　ももしきの 袖の数は 知らねども
　わきて思ひの 色ぞこひしき[175]

　이후로 두 사람은 노래를 주고받다가 마침내 여자는 남자에게 몸을 허락했다.

---

[175] "궁중에서 시중드는 여관들은 많이 있지만 나는 그 누구보다 붉은색 소매의 그대를 사모하고 있습니다."

그런데 이튿날 아침이 되어 집으로 돌아간 남자는 보내야 할 편지도 보내지 않고 밤이 되어도 찾아오지 않았다. 여자의 시녀들은 이 남자가 다니기 시작한 것을 알았을 때부터 탐탁지 않게 생각하고 있던 차였다.

"남자도 많은데 하필 그런 남자와…. 편지도 보내지 않고 본인도 오지 않는 데다가 무슨 연유인지 전해야 할 심부름꾼조차 보내지 않고 있지 않습니까?"

하고 불만을 토로했다. 여자는 자신도 고민이 깊은 터라 어째서 이런 일이 일어났는지 이리저리 생각하며 혼란스러워하는 사이에 4, 5일이 지나갔다. 밥도 먹지 못하고 소리 높여 울기만 해서 곁에 있던 시녀들이

"하지만 그렇게 끙끙 앓을 필요도 없습니다. 이번 일은 세간에 알려지지 않게 하고 다른 인연을 찾으면 될 일입니다. 이대로 끝날 아씨가 아니잖아요"

이렇게 위로하지만, 여자는 말도 하지 않고 방에 틀어박혀 검고 긴 머리카락을 쓰다듬다가 마침내 비구니 머리로 잘라 버렸다. 이를 본 시녀들은 슬퍼했지만 이미 돌이킬 수 없게 되었다.

남자가 오지 않은 이유는 이렇다. 첫날밤에 왔다가 이튿날 아침 돌아가 편지를 보낼 생각이었지만, 근무처의 장이 갑자기 어디론가 함께 가야 한다고 말하며 남자를 데리

고 갔다. 더욱이 쉬이 보내 주지 않다가 겨우 돌아오게 되었는데, 돌아오는 길에 데이지인(亭子院) 상황이 부르신다 해서 심부름꾼이 데리러 오는 바람에 그대로 찾아뵐 수밖에 없었다. 상황이 오이(大堰)로 행차하시는 데 수행원으로 시중들었다. 오이에서 이삼일 주연으로 만취해 당시의 일은 기억조차 하지 못했다. 마지막 날 밤늦게 상황이 돌아가셔서 여자가 있는 중궁전으로 가려고 했지만, 그쪽은 통행을 훼방하는 손(귀신)이 있어 갈 수 없었다. 이렇게 며칠 동안이나 방문하지 못해 여자가 어떻게 생각하고 있을지 걱정이 되어 밤중에 편지를 보내려고 쓰고 있으려니 누군가 문을 두드렸다.

"누구요?"
하고 묻자
"위(尉)176)님께 드릴 말씀이 있습니다"
하고 말해 밖을 살펴보자 여자가 보낸 심부름꾼이었다.
"편지입니다"
하고 꺼낸 것을 보자 자른 머리카락이 싸여 있었다. 이상

---

176) 위(尉)는 위문부(衛門府), 병위부(兵衛府), 검비위사(檢非違使)의 제3등관이다. 일본어로는 조(じょう)라고 읽는다. 사다훈은 897년 우병위소위(右兵衛少尉)였던 기록이 보인다.

하게 여겨 편지를 펼쳐 보니

　은하라는 강 하늘 위에 있다고 들어 왔는데
　내 눈앞에 흐르는 눈물의 강이었네
　天の川 空なるものと 聞きしかど
　わが目のまへの 涙なりけり177)

라는 노래가 쓰여 있었다. 이를 보고 영락없이 비구니가 되었을 것이라 생각하니 눈앞이 캄캄해졌다. 남자는 답가를 읊어 보냈다.

　원망스러워 눈물이 흐른다고 그리 서둘러
　은하수가 되다니 너무 성급합니다
　世をわぶる 涙ながれて 早くとも
　天の川には さやはなるべき178)

---

177) "은하수는 하늘에 있는 것이라고 들었는데, 제 눈앞에 흐르는 눈물의 강이었습니다. 비구니와는 무관한 인생이라 생각했는데 저의 현실이었습니다."

178) "관계를 맺은 지 얼마 안 된 사이를 비관해서 흘리는 눈물이 아무리 격하다고 그렇게 빨리 은하가 될 수 있는 것입니까? 그리 서둘러 비구니가 될 수 있는 것입니까?"

그날 밤, 여자가 있는 곳으로 가 보니 정말 보기 흉한 모습이 되어 있었다.

작품 해설

이 단은 내용상 《야마토 모노가타리》 103단과 매우 유사하다. 내용이 길어 인용할 수 없지만, 차이점을 들자면 《야마토 모노가타리》에서는 주인공을 '이로고노미 헤이추(色好み平中)'로 취급하고 있는 점이다. '이로고노미'란 연애의 정서를 터득해 세련된 정취를 애호하는 일이나 사람을 말한다. 그러나 여기서는 물론이고 《헤이추 모노가타리》 안에서 '이로고노미(色好み)'나 '호색(好き)'이라는 말은 존재하지 않는다. 주인공 남자를 일개 호색가로 취급하지 않는다는 사실이다. 게다가 대단한 호색가라거나 호색이 성했던 시대의 이야기라고 하는 식의 언급은 모노가타리 안에 일절 발견되지 않는다. 동일 사건을 당사자의 입장에 서서 표현한 것과, 한 발짝 물러나 냉정하고 객관적인 시각으로 바라보고 표현한 정도의 차이일 것이다. 남자에게 호색한(好色漢) 취급을 당하게 해서는 안 된다는 생각이 《헤이추 모노가타리》 안에 작용하고 있는 듯하

다. 《헤이추 모노가타리》의 심경 소설적이고 사소설적인 측면이 발전해 1인에 의한 허구적 모노가타리 작품이 탄생했을 것이라는 견해에 하나의 시사점을 제공하는 장단일 것이다.

39단 도미노고지에 사는 우대신의 모친(富小路の 右大臣の御母のこと)

그러고 보니

히노구마강 건너는 것을 봤소
檜隈川[179]は 渡るとは見し

라는 노래는 헤이추(平中)가 도미노고지(富小路) 우대신(右大臣)[180]의 모친에게 올린 노래다.

내막은 이렇다. 우대신님의 모친이 가모 강변(賀茂の

---

[179] 히노구마강(檜隈川)은 나라현(奈良県) 다카이치군(高市郡) 아스카 마을(春日村) 히노구마(檜前) 북쪽으로 흘러 다카토리강(高取川)으로 흘러드는 작은 강을 말한다. 여기서는 뒤에 나오는 헤이추의 와카 '사실인가요(まことにや)' 노래를 가리키는 것으로 파악된다. 그러나 어구에 약간의 차이가 확인된다.

[180] 도미노고지(富小路) 우대신은 후지와라노 도키히라(藤原時平)의 차남 아키타다(顕忠)를 가리키며, 일본의 주요 성씨를 계도로 나타낸 《존비문맥(尊卑文脈, 손피분먀쿠)》에 따르면 모친은 대납언 미나모토노 노보루(源昇)의 딸로, 여기에 등장하는 혼인의 대신(本院の大臣) 도키히라의 부인이다.

川原)181)으로 나들이 가셨을 때 혼인의 대신(本院の大臣)182)도 그곳으로 외출하셨다. 그때 우대신의 모친이 편지를 전해 올렸는데, 혼인의 대신은 답장도 하지 않고 그대로 돌아가셨다. 그런 이유로 이런 노래를 읊어 보내셨다.

편지 따위는 드리지 않는 건데 그리 서둘러
지나쳐 가 버리니 이 몸 꺼져 버릴 듯
かからでも ありにしものを ささのくま
過ぐるを見てぞ 消えはゝてにし183)

이 이야기를 나중에 헤이추(平中)가 듣고 우대신의 모친에게 이렇게 읊어 올렸다.

사실인가요 말을 묶지도 않고 그리 서둘러

---

181) 가모강(賀茂川)은 교토 시가의 동부를 관통하는 강이다.

182) 혼인의 대신(本院の大臣)이란 899년부터 좌대신(左大臣)을 지낸 후지와라노 도키히라를 가리킨다.

183) "편지를 드리지 않는 게 나았습니다. 아주 잠시만이라도 모습을 뵙고 싶었는데 답신도 주지 않으시고 돌아가시는 것을 보고 몸도 마음도 사라져 버릴 것 같았습니다."

저 히노구마강을 건너셨다는 말이
まことにや 駒もとどめで ささの舟
檜隈川は わたりはてにし184)

이에 대한 여자의 답가

거짓입니다 조릿대의 그늘이 많은 까닭에
히노구마강에는 나가지 않습니다
いつはりぞ ささのくまぐま ありしかば
檜隈川は いでて見ざりき185)

작품 해설

　'인(院)'은 상황(上皇)이나 법황(法皇), 뇨인(女院) 또는 이들을 비롯한 귀인의 저택과 별장을 가리킬 때 사용하

---

184) "사실인가요, 말을 묶어 잠시 쉬게 하지도 않고 혼인의 대신이 강을 건너 서둘러 돌아가셨다는 말이?"
185) "거짓입니다. 조릿대가 무성해 여기저기 그늘이 많아서 당신 같은 사람이 숨어 보고 있을지 몰라 나는 강가에는 가지 않았습니다. 그러니 처음부터 그런 일은 있을 수 없지요."

는 호칭이다. 상황은 왕위를 양위한 전대 천황을 말하며, 법황은 불문(佛門)에 입적한 상황을 가리킨다. 뇨인(女院)은 천황의 어머니나 천황의 부인 또는 황녀 중에서 인호(院號)를 부여받은 사람을 존칭해서 부르는 말이다. 본 모노가타리에서 후지와라노 도키히라(時平)를 혼인의 대신(本院の大臣)이라고 부르고 있지만, 혼인(本院)은 원래 상황이나 법황이 두 명 있을 때 첫 번째 상황이나 법황을 가리킬 때 쓰는 호칭이다. 혼인(本院) 외에 '이치인(一院)'이라고도 부른다. 두 번째 상황과 법황은 '주인(中院)'이라고 하며, 막 양위한 상황을 '신인(新院)'이라고 한다.

　모노가타리에 등장하는 '혼인의 대신(本院の大臣)'에서 '혼인(本院)'은 적류(嫡流), 즉 후지와라씨의 종가를 의미한다. 특히 도키히라를 가리키는 말로 사용되었다. 도키히라는 헤이안 시대 초기의 율령 관리로서 태정대신(太政大臣) 모토쓰네(本経)의 장남으로 태어났다. 886년에 관직에 들어 아버지의 위세를 업고 요직을 거쳐 899년에는 좌대신으로 승진했다. 그러나 당시 후지와라 가문의 전권(專權)을 억제하기 위해 우다 천황(宇多天皇) 때부터 중용되었던 스가와라노 미치자네(菅原道真)가 우대신으로 임명되자, 이를 탐탁지 않게 여기던 세력과 공모해 901년에 미치자네를 대재권수(大宰權帥)로 좌천시키고 후지와라씨의 정권을 확립했다. 사망 후 정1위 태정대신 직위를 추서했다.

해 설

《헤이추 모노가타리》의 성립

　《헤이추 모노가타리》는 작자는 물론이고 성립 시기도 명확하지 않다. 어떤 과정을 거쳐 성립했는지 또한 자세한 사정을 알기 어렵다. 《이세 모노가타리(伊勢物語)》[186]를 비롯해 《야마토 모노가타리(大和物語)》[187]나 《헤이추 모노가타리(平中物語)》(960~965) 등, 소위 우타 모노가타리(歌物語)[188]라고 불리는 일련의 작품들은 적어도 꾸

---

186) 《이세 모노가타리(伊勢物語)》는 헤이안 시대 전기(900년 전후)에 성립한 우타 모노가타리 작품으로 작자는 미상이다. 아리와라노 나리히라(在原業平)로 추정되는 남성의 이야기를 일대기풍으로 그려 엮은 작품이다. 전하는 책에 따라 차이가 있지만, 대체로 125단으로 구성된다. 《자이고가 모노가타리(在五が物語)》 또는 《자이고 중장 일기(在五中将の日記)》라고도 부른다.

187) 《야마토 모노가타리(大和物語)》는 《이세 모노가타리》를 잇는 우타 모노가타리 작품으로 작자는 미상이며, 951년경에 성립했을 것으로 추정된다. 170여 편의 설화로 구성된다.

188) 우타모노가타리(歌物語)는 와카를 중심으로 하는 짤막한 이야기,

머서 만든 이야기라는 의미의 '쓰쿠리 모노가타리(作り物語)'와는 성립 사정이 달랐을 것이다. 인물이나 장면 또는 줄거리, 그 외 모노가타리 안에 사용된 와카까지 쓰쿠리 모노가타리가 대개 한 명의 작자에 의해 제작된 데 반해 우타 모노가타리는 소재가 되는 실재 인물과 그 인물이 읊은 와카가 그 모노가타리의 성립 이전에 이미 존재했다. 만일 우타 모노가타리에 작자라고 불리는 이가 있었다고 하면 그것은 기존의 와카를 기반으로 모노가타리를 제작했거나, 또는 그 와카와 관련한 이야기가 이미 존재해 그것을 단순히 문자로 정착시킨 것뿐이거나, 둘 중 하나일 것이다. 그런 관점에서 평가했을 때, 우타 모노가타리 작자는 쓰쿠리 모노가타리의 작자만큼 강한 주체성을 가지지 못했을 가능성이 크지만, 문예 작품으로서의 가치를 결정하는 데 큰 역할을 한 것은 부정할 수 없다. 가십성이 강한 《야마토 모노가타리》를 기준으로 생각해 보면 아마 작자의 손을 타기 전에 와카와 그 와카에 딸린 부수적인 모노가타리, 즉 원재료가 이미 존재했을 것으로 보인다. 하지만 그 존재는 어디까지나 세간에 회자하던 소문에 지나

또는 그 이야기들을 하나의 모노가타리 작품으로 엮은 것을 말한다.

지 않았을 것이며, 유동성이 지극히 강했을 것이다. 작품의 가치 측면에서 말하자면 적어도 소문 그 자체에 가치가 있다고는 할 수 없지만, 이것이 소재로 작용해 작품이 생성되었다는 점에서 역시 부평초 같은 소문도 중요한 의미를 띠고 있다고 볼 수 있다. 비정상적일 정도로 강한 세간의 관심으로 지탱되어 소문으로 발전하고, 더구나 여기서 그치지 않고 결국 모노가타리 작품으로서 문자로 정착한 것이다. 아직 입에서 귀로 전승되던 단계, 바꿔 말하면 문자로 정착되기 이전의 그런 와카와 연관된 소문을 일반적으로 '우타가타리(歌語り)'라고 부른다.

헤이안 시대[189] 초기의 와카는 사적인 세계에서만 명맥을 유지하고 있었다. 《고금와카집(古今和歌集)》[190] 가나 서문(序)에는 헤이안 초기 와카가 처한 상황을 다음과

---

[189] 헤이안 시대(平安時代)는 지금의 교토에 도읍이 정해진 794년부터 1192년 가마쿠라(鎌倉) 막부가 선 약 400년간의 시기를 가리킨다.

[190] 《고금와카집(古今和歌集)》은 905년 다이고 천황(醍醐天皇)의 명으로 성립한 첫 번째 칙찬 와카집(勅撰和歌集)이다. 읊은 이를 모르는 와카와 헤이안 시대 초기에 활약한 가인 그리고 편자들이 활약한 동시대의 와카 약 1100수를 수록하고 있다. 편자는 기노 쓰라유키(紀貫之), 오시코치노 미쓰네(凡河內躬恒), 미부노 다다미네(壬生忠岑), 기노 고레노리(紀是則) 네 명이다.

같이 묘사하고 있다.

> 호색가 사이에 모습을 숨겨 식자(識者)들에게 인정받지 못하는 것은 버림받은 사람과 마찬가지로, 진지한 공식적인 장소에서 공개할 수 없는 억새의 이삭에도 미치지 못하는 존재가 된 것입니다.
> 色好みの家に埋れ木の人しれぬこととなりて、まめなる所には、花薄穂に出だすべき事にもあらずなりにたり

공적인 장소에서 와카는 거의 읊어지는 일이 없었으며, 남녀 관계의 매개체로서 주로 사적인 공간에서 사용되고 있었다. 그러나 이윽고 공적인 장을 획득한 와카는 우타아와세(歌合)[191]에 의해 한층 더 그 성장에 박차를 가해 갔다. 와카 제작의 수사인 미타테(見立て)[192]나 엔고(縁

---

[191] 우타아와세(歌合)란 좌우 두 편으로 나뉘어 읊은 와카(단카)를 한 수씩 맞붙여 판자(判者)라는 심판이 우열을 가려서 우열 수에 따라 승부를 결정하는 유희를 말한다.

[192] 미타테(見立て)는 대상을 다른 것에 비유해 표현하는 것으로 와카 수사의 한 기법이다.

語)193), 가케코토바(掛け詞)194) 같은 기교가 발달하는 등, 와카는 귀족들 사이에서 점차 관심의 중심이 되어 갔다.

헤이안 시대의 문학은 궁정을 중심으로 귀족 사회라고 하는 극히 일부 계층에 의해 지탱되었다. 뛰어난 와카는 사람들의 입에 오르내렸다. 사람들의 입에 오른 것은 와카만이 아니다. 어떤 사회라도 그렇지만 특히 폐쇄적인 사회에서는 타인의 일에 관심이 많다. 시시콜콜한 사건이라도 사적(私的)일수록 오히려 소문의 재료로 선호하는 경향이 강했다. 연애 사건은 그런 의미에서도 그들의 최대 관심사였다. 무엇보다 궁정 문학으로서 화려하게 입에 오르내린 와카도 원래 '풍류인(色好み)'들이 연애의 매개체로 사용한 것이므로 와카가 그들의 입에 오르내릴 때 그것은 다양한 흥미를 충족하는 화젯거리이기도 했다. 누가 언제 어디서 어떤 사정으로 어떤 노래를 읊었는지, 사람들은 지대한 관심을 가지고 그것들에 대해 이야기했다. 그러나 와카 그 자체에 대해 말하자면 공적인 장에서 제작되

---

193) 엔고(縁語)란 와카 안에 서로 연관되는 말을 사용해 의미를 더 부각하는 것으로 와카 수사법의 하나다.

194) 가케고토바(掛け詞)는 음이 같고 뜻이 다른 말을 이용해, 한 낱말에 두 가지 이상의 뜻을 지니게 하는 와카 수사법의 하나다.

는 노래와 사적인 장에서 읊어지는 노래는 당연히 그 성격도 달랐다. 우타아와세의 노래처럼 하나의 주제 아래 제작된 노래는 그것만으로 하나의 완성된 모습을 갖추고 있었다. 그 밖의 설명은 일절 필요하지 않았고, 설명이 필요한 노래는 적어도 우타아와세의 노래로는 부적격이었다. 문예의 한 장르라는 입장에서 그것은 와카의 독립이라고 말할 수도 있을 것이다. 그러나 일상생활에 기반을 둔 생활 밀착형 와카와는 거리가 있었다. 이에 반해 어떤 사적인 상황에서 읊어진 다수의 노래는 그 자체만으로는 완성된 모습을 하고 있지 않은 경우가 많다. 읊어진 사정을 모르면 제3자는 노래를 이해할 수 없는 경우가 많았다. 와카는 비교적 생활에 깊이 관여하고 있어 마치 대화처럼 주고받을 때도 있었다. 그렇게 사적으로 읊어진 노래는 항상 일정한 이야기를 배경으로 하고 있었던 것이다.

951년에 편찬된 두 번째 칙찬 와카집《후찬와카집(後撰和歌集)》은 모노가타리적 경향이 매우 강하다. 그에 반해 1205년에 편찬된 마지막 칙찬 와카집《신고금와카집(新古今和歌集)》은 와카 문예로서 하나의 정점에 자리했다. '21대집(二十一代集)'195) 중에서 증답가(贈答歌)를 가장 많이 수록하고 있는 것은《후찬와카집》이며, 반대로 우타아와세 노래를 가장 많이 담고 있는 것은《신고금와카집》이다. 이러한 성격을 종합해 보면 모노가타리와 와카의 상관관계도 자연히 명료해질 것이다. 《후찬와카집》 시대는 우타가타리가 가장 성행한 시기가 아니었을까? 헤이안 중기를 경계로, 제영(題詠)이라는 정해진 제목에 따라 '제작하는 와카'가 세력을 떨쳤다. 《후찬와카집》 시대는 와카에 관한 관심이 한층 고조되고, 또한 사적인 와카가 쇠하지 않은 시대, 다시 말해서 우타가타리가 성립하기 위한 조건이 가장 잘 갖춰진 시대였다. 《야마토 모노가타리》는 이 시기에 성립한 것으로 추정되고 있으나, 헤이추 설화의 성립도 역시 이 시기와 관계가 있을 것으로 파악된다. 헤이추에 관한 다양한 이야기도 이미 우타가타리로서의 형태를 갖추고 있었을 것이다. 그리고 그것이 마침내 문자로 정착된다. 하지만 그것이 언제였는지 구체화하는 것은 그리 간단하지 않다.

　《헤이추 모노가타리》 말미를 보면 이 모노가타리에 예외적인 몇몇 실명이 등장한다. 예를 들어 '도미노고지(富小路) 우대신(右大臣)', '혼인의 대신(本院の大臣)', '헤이

---

195) 21대집(二十一代集)은 천황이나 상황의 칙명(勅命) 또는 선지(宣旨)를 받아 제작 편찬된 《고금와카집》에서 《신고금와카집》에 이르는 21개의 칙찬 와카집(勅撰和歌集)을 가리킨다.

추'와 같은 호칭들이다. 그중에서 '도미노고지(富小路) 우대신(右大臣)'은 후지와라노 아키타다(藤原顯忠)를 가리키는데, 아키타다는 960년 이전에는 그런 호칭으로 불리지 않았을 것이다. 따라서 현존하는 사본은 적어도 960년 이후의 것이 된다. 그러나 실제로 어디까지 시대가 내려갈지 단정하기는 어렵다. 또한 이 단은 모두(冒頭)부터 상투적인 형식을 따르지 않고 이례적인 문장으로 시작하고 있으며, 성립 당초에 쓰인 본문에 이후 주석처럼 단 내용이 혼입되었을 것으로 추정되고 있다. 그렇다고 하면 실제로 모노가타리의 성립은 더 빨랐을 것이라고 볼 수 있지만, 성립 시기를 확인할 근거가 없다.

가집(家集)의 모노가타리화가 왕왕 거론되고 있다. 예를 들어 《이세집(伊勢集)》의 모두 부분이나 《나리히라집(業平集)》에서 《이세 모노가타리》로의 발전'과 같은 것이다. 그런 방식이라면 '사다훈집(定文集)에서 《헤이추 모노가타리》'라는 전개도 당연히 생각해 볼 수 있다. 하지만 유감스럽게도 사다훈집이 실제로 존재했는지는 확인되지 않는다.

이로고노미(色好み)[196] 헤이추

"자이추(在中), 헤이추(平中) 이 둘이 세상에서도 유명한 호색가(好き者)"라고 불린 까닭은 《십훈초(十訓抄, 짓킨쇼)》[197] 1권에 쓰여 있기 때문이다. '자이추(在中)'는 그 유명한 아리와라노 나리히라(在原業平)를 말하며, 헤이추(平中)는 본 모노가타리의 주인공인 다이라노 사다훈(平定文)을 가리킨다. 헤이추는 나리히라와 함께 '호색가(好き者)의 쌍벽'이라고 일컬어지던 인물이다. 다만, 나리히라는 모두가 이상적이라고 생각하는 진정한 풍류인으로 평가받으며, 시대가 지남에 따라 점점 더 연애의 아이콘으로 자리매김했지만, 헤이추는 설화 인물로 그려지면서 철저히 희화화되고 사랑을 위해 농락당하는, 말하자면 어릿광대와 같은 존재로 취급되었다.

이미 《겐지 모노가타리(源氏物語)》에도 헤이추 희화

---

196) 이로고노미(色好み)는 보통 두 가지로 해석된다. 하나는 '호색가', 즉 여색을 밝히고 탐하는 자를 말한다. 또 하나는 연애의 정서를 이해하고 세련된 정취를 애호하는 것, 또는 그런 사람을 가리킨다.

197) 《십훈초(十訓抄, 짓킨쇼)》는 고금의 교훈적인 설화를 3권 10항으로 나누어 수록하고 있다. 1252년 성립했으며 '짓쿤쇼'라고도 읽는다. 《고금저문집(古今著聞集, 고콘초몬주)》과 밀접한 관계가 있다.

화의 경향이 엿보인다. 예를 들어 〈스에쓰무하나(末摘花)〉 권에 겐지(源氏)가 어린 와카무라사키(若紫)의 행복을 기원해 인형 놀이(雛遊び)를 하는 장면이 있다. 겐지가 장난으로 자기의 코 위에 붉은색을 칠하고는 닦아도 닦아도 지워지지 않는 것처럼 속여 와카무라사키가 마음을 졸이게 한다. 와카무라사키가 벼루의 물로 종이를 적셔 지워 주려고 하자 겐지가 "헤이추처럼 이상한 색을 칠하면 안 됩니다. 붉은색이라면 참을 수 있지만(平中がやうに色どり添へ給ふな。赤からんはあへなん)"이라고 말한다. 여기서 언급되고 있는 겐지의 농담은 헤이추 설화를 염두에 두고 있다. 헤이추가 여자에게 자신의 애절한 기분을 보여 주려고 벼루에 물을 따르는 통의 물로 눈을 적셔서 눈물을 흘리는 척 꾸미는데, 여자가 그것을 간파하고 물통 안에 먹물을 넣어, 그것도 모르는 헤이추가 또다시 물통의 물을 눈에 묻혀 거짓으로 울기 시작하자 얼굴이 새까매졌다는 우스갯소리다. 《겐지 모노가타리》의 주석서인 《하해초(河海抄, 가카이쇼)》(1367)에는 이 이야기를 인용해 《우지 대납언 모노가타리(宇治大納言物語)》[198]와 《야마

---

[198] 《우지 대납언 모노가타리(宇治大納言物語)》는 《우지 습유 모노가타리(宇治拾遺物語)》의 바탕이 된 것으로 알려진 산일 설화집이다.

토 모노가타리(大和物語)》에 그 이야기가 수록된 취지를 설명하고 있지만, 현존하는 책에는 확인되지 않으며 《고본설화집(古本說話集, 고혼세쓰와슈)》199)에 유사한 설화가 보일 뿐이다. 그 이야기가 어떤 식으로 전승되었는지 연구가 필요한 상황이지만, 무엇보다 무라사키시키부(紫式部)200) 시대에 그 이야기가 농담의 소재로 통용되고 있었다는 사실은 매우 흥미롭다.

10세기 무렵, 헤이추 사망 후 20~30년 뒤에 성립했을 것으로 추정되는 현존 《야마토 모노가타리》에는 《하해초》가 인용하고 있는 '헤이추가 얼굴에 먹물을 칠하는 이야기'는 찾아볼 수 없다. 다만, 170여 단에 이르는 《야마토 모노가타리》 안에 헤이추를 주인공으로 하는 가십거리의

11세기에 성립했을 것으로 추정된다.

199) 《고본설화집(古本說話集, 고혼세쓰와슈)》은 1권으로 구성되며, 편자는 미상이다. 헤이안 말기에서 가마쿠라 초기 사이에 성립했을 것으로 추정된다. 와카 설화와 불교 설화로 이루어져 있다.

200) 무라사키시키부(紫式部)는 헤이안 중기에 활약한 여관(女房)으로 《겐지 모노가타리》의 작자로 알려져 있다. 이치조 천황(一條天皇)의 중궁 쇼시(彰子)를 시중들었다. 《겐지 모노가타리》 외에 《무라사키시키부 일기(紫式部日記)》, 《무라사키시키부집(紫式部集)》 등을 남겼다.

짤막한 이야기가 네 개 단(段)에서 확인된다. 그런데 그 대부분이 실재 인물의 이야기로서 다음과 같이 언급되고 있다.

> 헤이추가 간인노 고(閑院の御)와 관계가 끊어진 후, 한동안 시간이 지나서 다시 만났다(46단).

> 헤이추가 꽤 어여쁜 한 젊은 여자를 아내가 있는 곳으로 데리고 와서 살게 했다(64단).

> 헤이추가 한창 연애에 빠져 있을 무렵, 사람이 많이 모이는 저잣거리로 나갔다(103단).

> 혼인(本院)의 정부인이 아직 수 대납언(帥の大納言)의 처로 계실 때, 헤이추가 읊어 올린 노래(124단).

이상은 헤이추와 관계가 있는 장단만을 인용한 것인데, 구체적인 인명을 표기하고 있는 점에서 《야마토 모노가타리》의 다른 단과 대체로 유사하다. 그러나 여기서 주목할 만한 것은 그 인명을 표기하는 방식이다. '헤이추'라고만 쓸 뿐 헤이추에 관한 아무런 설명도 덧붙이고 있지 않다. 물론 그것은 비단 헤이추에 국한된 표기 방법이라

고는 할 수 없지만, 《야마토 모노가타리》에는 '비젠의 연(備前の掾)으로 다치바나노 요시토시(橘良利)라는 사람'이라든가 '우마윤(右馬の允)인 후지와라노 지카네(藤原の千兼)라고 하는 사람의 처 중에 도시코(としこ)라고 하는 여자가 있었다'라든가, 또는 '지금은 고인이 되신 우경대부(故右京の大夫) 무네유키 님(宗于の君)'처럼 상세한 표기 방식도 확인된다. 그러나 헤이추에 관해서는 단순히 '헤이추'라고만 쓰고 다른 설명 없이 단도직입으로 이야기에 들어간다. 그와 유사한 형식의 호칭으로 '야다이니(野大弐)', '산조 우대신(三条の右大臣)', '쓰쓰미노 중납언(堤中納言)' 등 적지 않은 인물이 등장한다. 그렇지만 필요 이상의 설명이 없어도 독자는 그 존재에 관해 이미 숙지하고 있었기 때문에, 가십을 즐기는 데 아무런 지장이 없었을 것이다.

다시 말해서 이런 종류의 모노가타리(物語) 작품이 얼마나 한정된 사회에서 제작되어 향수되었는지, 또 그런 사회 안에서 어떻게 헤이추와 같은 인물이 사람들의 입에 오르내리게 되었는지 등에 대해 생각해 볼 필요가 있다. '헤이추'라는 이름만으로 아마 당시 사람들은 '아, 그 이로고노미(色好み)' 하고 그게 누군지 금방 알았을 것이다. 이미지가 이미 고착되어 있었던 것이다. 그리고 헤이추가 언급될 때마다 거기에 새로운 이미지가 파생하고 더해져 갔다. 그야말로 있을 법한 이야기가 켜켜이 새롭게 추가되어 갔다. 《겐지 모노가타리》의 독자들도 이미 몇몇 패턴의 헤이추 이야기를 들어서 알고 있었을 것이다. 그래서 "헤이추처럼 이상한 색을 칠하면 안 됩니다(平中がやうに色どり添へ給ふな)"라는 표현이 자연스럽게 사용된 것이다.

《금석 모노가타리집(今昔物語集, 곤자쿠 모노가타리슈)》[201]이나 《우지 습유 모노가타리(宇治拾遺物語, 우지 슈이 모노가타리)》[202], 《고본설화집(古本説話集)》, 《십훈초》, 《세계 모노가타리(世継物語, 요쓰기 모노가타리)》[203]

---

[201] 《금석 모노가타리집(今昔物語集, 곤자쿠 모노가타리슈)》은 일본 최대의 고대 설화집으로 편자 미상이다. 12세기 전반에 성립했을 것으로 추정되며, 전 31권 중 현재 28권만 남아 있다. 중심은 불교 설화이며, 세속 설화도 3분의 1에 달한다.

[202] 《우지 습유 모노가타리(宇治拾遺物語, 우지 슈이 모노가타리)》는 설화집으로 2권으로 구성되어 있으며, 인도, 중국, 일본 관련 설화 197화를 담고 있다. 편자 미상으로 13세기 초에 성립했을 것으로 추정된다. 불교적 색채가 농후하다.

[203] 《세계 모노가타리(世継物語, 요쓰기 모노가타리)》는 1권 56화로 구성된 설화집으로, 가마쿠라 초기에서 중기 사이에 성립했을 것으로 추정된다. 전반부는 황후 데이시(定子), 무라사키시키부(紫式部), 미

등에는 그와 유사한 몇몇 헤이추 설화가 채록되어 있는데 그 대부분이 앞에서 언급한 먹칠 이야기와 마찬가지로 해학적이고 희화화되어 있다. 예를 들어 이런 식이다.

혼인 대신을 시중드는 시녀 중에 지주(本院侍従)라는 훌륭한 사람이 있었다. 아무리 헤이추가 열심히 접근해 와도 쉬이 마음을 내주지 않을 뿐 아니라 답신도 보내오지 않았다. "남의 아내와 딸, 더구나 궁궐에서 시중드는 시녀로 이 헤이추에게 구애를 당하지 않은 사람은 한 사람도 없었다(人の妻娘、いかに況んや宮仕へ人は、此の平中にものいはれぬはなくぞありける)"(《금석 모노가타리집》 30권). 이런 헤이추가 답신을 보내지 않는 여자에게 "그저 '보았소'라고만 말씀해 주시오(ただ、'見つ'とばかりはのたまへ)"라고 하소연하듯 누차 편지를 적어 보내자, 여기에 여자가 드디어 답장을 보내와 헤이추는 매우 기뻐하며 답장을 펼쳐 본다. 그런데 그것은 헤이추가 보낸 편지의 '보았소(見つ)'라는 문구를 오려 다른 얇은 종이에 붙인 것이었다.

그 외, 감쪽같이 여자가 있는 곳으로 숨어들어 가 지금

치나가(道長) 등에 관한 와카 설화를 담고 있으며, 후반부는 다수의 장편 설화를 담고 있다.

당장이라도 자기의 손에 넘어올 것 같은 찰나 보기 좋게 여자에게 당하는 사람 좋은 헤이추, 혹은 운 좋게 여자를 얻었다고 생각했는데 공무가 있어 편지도 보내지 못하고 방문조차 하지 못해 여자를 슬프게 해서 결국 비구니로 만들었다는 등의 그야말로 얼뜨기 같은 헤이추다. 근대 문학 속에서도 아쿠타가와 류노스케(芥川竜之介)는 〈호색(好色)〉에, 다니자키 준이치로(谷崎潤一郎)는 〈소장 시게모토의 어머니(少将滋幹の母)〉에 그런 헤이추를 등장시키고 있다. 이러한 작품들은 모두 희화화한 헤이추를 그리고 있다. 아래에 인용하는 것은 아쿠타가와가 그린 '이로고노미 헤이추(色好み平中)'의 이미지다.

태평한 시대에 걸맞은 고상한 느낌의 에보시(烏帽子)라는 모자 밑으로 아래 볼이 통통한 얼굴이 이쪽을 쳐다보고 있다. 그 통통하고 살진 볼에 뚜렷하게 붉은 기가 감도는 이유는 무슨 연지를 펼쳐 발라서가 아니다. 보통 남자에게는 흔하지 않은 희고 고운 살결 때문에 자연스럽게 발그레한 빛을 띠는 것이다. 수염은 품위 있어 보이는 코 아래에 나 있다고 하기보다 엷은 입술 좌우에 옅은 먹물을 살짝 찍은 것처럼 아주 조금 나 있다. 그러나 윤기 나는 머리 좌우 측면의 모발 위에는 안개도 피지 않은 하늘색조차 어슴푸레한 푸른 색을 띠고 있다. 귀는 그 가장자리에 살짝 올라간 귓불만 보인다. 그것이 대합조개처럼 따뜻한 빛깔을 띠고 있는 이유는 어렴풋한 빛의 농담 때문인 것 같다. 눈은 보통 사람들보다 가늘고 항상 미소를 머금고 있다. 대체로 그 눈동자 아래에는 언제나 활짝 핀 벚꽃 가지가 떠 있는 것처럼, 맑고 상쾌한 미소가 감돌고 있다. 하지만 조금 주의해서 보면 그곳에는 반드시 행복만이 존재하는 것은 아닐 것이다. 이것은 머나먼 곳 무엇인가에 동경심을 품은 미소다. 그와 동시에 가까이 있는 모든 것에 경멸을 담은 미소다. 목 부분은 얼굴에 비해 지나치게 화사하다고 평해도 좋다. 목에는 흰 한삼(汗衫) 옷깃이 엷은 향내를 스며들게 한 유채꽃 빛깔의 풀을 먹이지 않은 옷깃과 가느다란 선 하나를 긋고 있다.

《헤이추 모노가타리》의 존재

《본조 서적 목록(本朝書籍目録)》[204]의 가나부(仮名部)에 '헤이추 일기 1권'이 있는데, 《하해초》의 주석에도

'사다훈 일기(貞文日記)'라는 명칭이 보인다. 이미 앞에서 설명한 것처럼 헤이추에 관한 각종 이야기는 그 대부분이 설화의 형태를 띠고 있으며, 하나의 설화집 안에 다른 설화들과 함께 수록되어 현재에 전해지고 있다. 그러나 '헤이추 일기'나 '사다훈 일기'라고 불리는 것은 단편의 작은 설화가 아니라, 적어도 헤이추에 국한한 '한 챕터'의 서적이었을 것으로 추정된다.

　　세이카도 문고(静嘉堂文庫)[205]가 소장한 《헤이추 모노가타리》는 세로 17센티미터, 가로 16센티미터의 육면체로 엮은 책으로, 표지 중앙에 《헤이추 일기 레이제이 다메스케 경 필(平仲日記 冷泉爲相卿筆)》이라는 서명이 제첨(題簽)[206]의 형태로 적혀 있는데, 후대에 쓴 것으로 파

---

[204] 《본조 서적 목록(本朝書籍目錄)》은 13세기 후반에 성립한 일본 서적 목록이다. 가마쿠라 시대까지 일본에서 찬술된 서적 493부의 서목(書目)을 20부문으로 구분해 수록하고 있다.

[205] 세이카도 문고(静嘉堂文庫)는 1892년 설립되어 현재 도쿄 세타가야구(東京都世田谷区)에 자리 잡고 있다. 일본어 서적과 한문 서적 그리고 고미술품을 소장하고 있는 문고로, 대략 20만 권을 소장하고 있다.

[206] 제첨(題簽)이란 표지에 직접 쓰지 않고 다른 종이나 헝겊 조각에 써서 앞표지에 붙인 외제(外題)를 가리킨다.

악된다. 본문은 가마쿠라 시대에 필사한 것인데, '전 다메스케 필(伝為相筆)'이라고 칭하는 것이다. 내용은 《이세 모노가타리》와 마찬가지로 와카에 관한 짤막한 이야기 30여 단(세는 방법에 따라 37단에서 40단)으로 구성되어 있다. 앞에서 예로 든 '비구니가 되는 시녀'의 이야기나 '보았소(見つ)' 문답의 원형이 되는 이야기도 포함하고 있다. 그러나 거기에 묘사된 헤이추의 상은 설화 작품의 그것과는 차이가 있다. 의지가 약하면서도 여자에게 인기가 있는 남자로, 물론 점점 우스꽝스러운 이야기로 발전하는 요소는 이미 그곳에서도 쉽게 찾을 수 있지만, 아무튼 익살스러운 존재라고 보기에는 다소 괴리가 있다. 아직 설화화가 충분히 진행되지 않은 단계라고 보아야 할 것 같다.

각 단의 주인공은 모두 '남자(男)'다. 일부 '헤이추', '구니쓰네 대납언(国経の大納言)' 등의 고유 명사가 보이지만 극히 예외적이다. 《야마토 모노가타리》와 같은 가십성 소재는 거의 확인되지 않는다. 추상화한 '남자(男)' 중심의 전체적인 통일감은 적어도 순수 모노가타리 작품으로의 이행 내지는 발전을 엿보게 한다. 첫 단이 '지금으로 보면 이미 옛날 일이다(今は昔)'로 시작되고 그 외에는 모두 '또 이 남자(またこの男)', '같은 남자(同じ男)', '그런데 이 남자(さてこの男)', '또 같은 남자(またこの同じ男)' 등으로 시작하고 있는 점도 매우 흥미롭다. 단 하나하나는 모두 독립된 짤막한 이야기다. 그러면서도 주인공은 모두 동일인이라고 말한다. 이는 의도적으로 관련성을 부여한 표현 형식이라고 볼 수 있다. 그리고 1단에는 모노가타리의 상투적 표현인 '지금으로 보면 이미 옛날 일이다(今は昔)'를 가져와서 작품 전체에 연관성이 있음을 알리고 있다. 짤막한 이야기를 모은 모노가타리 형식으로서는 매우 발전한 기법이다. 하지만 그 통일감은 어디까지나 형식상의 통일감이며, 내용 면에서는 '남자'의 생애를 더듬어 가거나 남자의 인생을 완전무결하게 그리고 있는 것은 아니다. 《이세 모노가타리》가 '옛날 한 남자(昔、男)' 또는 '옛날, 한 남자가 있었다(昔、男ありけり)' 이렇게 각 단이 도입부만으로 명확한 하나의 통일감을 갖추고 있으며, 형식상으로는 각 단이 그다지 밀접한 연관성을 띠고 있지 않음에도 불구하고, 성년식(初冠式)에서 죽음(死)에 이르기까지 구성적인 통일감을 보여 주고 있는 것과는 차이가 있다. 그러나 하기타니 보쿠(萩谷朴) 씨의 다음과 같은 견해에도 주의를 기울일 필요가 있을 것이다.

> 얼핏 보면 단순한 에피소드의 나열에 불과하고, 구성상 뚜렷한 배열 의식이 보이지 않는 것으로 평가되는

《헤이추 모노가타리》도 실제로는 각 장단의 흐름에 사계절의 추이를 반영하고 있는 흔적이 확인된다.

一見、単なるエピソードの羅列にすぎないで、構成の上では何の配慮も見られないと思われる平中物語も、実は各章段に四季の順序を逐っている形跡が認められる

《헤이추 모노가타리》는 이른바 우타 모노가타리(歌物語) 계열에 속한다. 와카가 중심이며 그것에 부속하는 지문은 와카에 의해 존재한다. 와카는 이야기 전개의 계기가 되며 매개이며, 집약이며, 와카에 의해 사건이 발전하고 또한 결말로 이어진다. 와카가 차지하는 위치가 단순히 모노가타리의 액세서리와 같은 존재에 지나지 않는 지문 중심의 모노가타리나 설화 모노가타리 등과는 근본적으로 다른 점이 있다. 그런데 《헤이추 모노가타리》가 설화적 성격이 강하다고 하는 점도 부정할 수 없는 사실이다. 우타 모노가타리라고 하는 형태가 발전하는 과정에서 지문 중심의 모노가타리나 설화 모노가타리의 영향을 받지 않고 성장했다고는 그 누구도 단언할 수 없을 것이다. 시대의 흐름에 따라 점점 그 경향이 강해져 갔을 것으로 보인다. 일반적인 표현 방법을 취한다면 그것은 서정적인 시정신에서 서사적인 산문 의식으로의 이행이었다. 우타 모노가타리인《헤이추 모노가타리》가 그 우타 모노가타리로서의 순수함을 약간이라도 상실했다고 한다면 그것은 역시 시대의 변천이라는 상황을 떠나서는 생각할 수 없다. 그러나 이미 설명한 것처럼 모노가타리 안에서 헤이추의 이미지는 설화 모노가타리처럼 아직 완전히 희화화되거나 익살스러운 형태로 고착되지는 않았다. 시대의 변화가 영향을 끼치고 있다고는 해도 우타 모노가타리 작품으로서 지나치게 큰 간극이 존재한다고는 할 수 없다.

'헤이추 일기'라든가 혹은 '사다훈 일기'라고 불리는 것이 도대체 이《헤이추 모노가타리》와 어떤 관계에 있는 것일까?《겐지 모노가타리》의 주석서인《하해집》에서 〈유가오(夕顔)〉권 '이런 여행길에서 쓰러져 죽는 것인가(かかる道の空にてはふれぬべきにやあらん)'에 대해 다음과 같이 주(注)를 달고 있다.

> 사다훈 일기에 말하기를, 향해서 가는 목적지도 모르니 그저 이렇게 마음은 허허롭고 혼란스럽겠지요.
> 貞文日記云、立ちてゆく 行方も知らず かくのみぞ 道の空にて まどふべらなる

또 〈마키바시라(眞木柱)〉 권의 '제정신이 아닌 모습을 하고 계신다(ほけしれて物し給ふ)'에 대한 주석에도

> 사다훈 일기에 말하기를, 명확하지는 않지만, 얼이 빠진 모습을 하고 있었기 때문에, 운운, 또 말하기를 그 편지를 전하는 자는 원래부터 조금 얼이 빠진 데가 있는 사람이라, 운운.
> 貞文日記云、定かにはあらず、なまほきたるものから云々、又云、かの文伝へたるは、人はもとよりすこしほきたるやうに覚えければ云々

이라고 기술하고 있는데, 이렇게 '사다훈 일기(貞文日記)'의 본문을 인용하고 있는 사실은 주목할 만하다. 왜냐하면 현존《헤이추 모노가타리》의 18단과 25단에 각각

> 또 이 남자는 그런 일이 있고 나서, 어딘지 얼이 빠진 모습을 하고 있어 … 처음부터 편지를 맡긴 그 사람은 원래 다소 얼이 빠진 데가 있었기 때문에….
> また、この男、もののたよりに、いとさだかにはあらず、なまほきたるものから、… この文伝ふる人は、もとより少しほきたるやうに思えければ…

향해서 가는 목적지도 모르니 그저 이렇게
마음은 허허롭고 혼란스럽겠지요
立ちてゆく ゆくへも知らず かくのみぞ
道の空にて まどふべらなる

이렇게 쓰여 있는 것을 보면, 양자가 밀접한 관계였음을 알 수 있다. 앞에서 언급한 '헤이추가 얼굴에 먹물을 칠하는 이야기'가 《하해집》에 인용되었을 때 '우지 대납언 모노가타리에 말하기를, … 야마토 모노가타리에도 이 내용이 보인다'라고 쓰고 '…야마토 모노가타리, 사다훈 일기에도 이 내용이 보인다'라고 쓰지 않은 것도 실제로 그 이야기를 포함하고 있지 않은 현존 《헤이추 모노가타리》를 중심으로 살펴보면 단순히 우연이나 오류가 아닐 것으로 추측된다. 《하해집》이 참조한 '사다훈 일기'에도 아마 그 이야기는 없었을 것이다. 《이세 모노가타리》와 '자이고 중장 일기'가 같은 것이며, 《다카무라 모노가타리(篁物語)》와 《다카무라 일기(篁日記)》, 《도우노미네 소장 모노가타리(多武峰少将物語)》와 《다카미쓰 일기(高光日記)》 또는 《이즈미시키부 모노가타리(和泉式部物語)》와 《이즈미시키부 일기(和泉式部日記)》 등이 동일 작품인 것처럼

'사다훈 일기'와 《헤이추 모노가타리》도 명칭은 다르지만, 역시 같은 작품이라고 보아도 무방할 것이다. 현재 한 권 밖에 확인되지 않지만, 세이카도가 소장하고 있는 기타무라 기긴(北村季吟)의 《야마토 모노가타리초(大和物語抄)》의 권말에 첨부된 헤이추 설화 및 미칸나기본계(御巫本系)《야마토 모노가타리》의 172단에서 173단 사이에 삽입된 헤이추 설화는 그리 많지 않지만, 확실히 이《헤이추 모노가타리》소장의 설화와 같은 종류이며, 그 단편으로 추정된다. 본문에는 약간의 차이가 있지만 다른 모노가타리나 가집(家集) 등과 마찬가지로 역시《헤이추 모노가타리》도 여러 이본(異本)이 있었다고는 말할 수 없어도, 이동(異動)이 있는 본문을 가진 책은 존재하고 있었을 것으로 추정된다. 다만 그것이 어떤 사정 때문인지 대부분 산일 상태이며, 메이지, 다이쇼 시대는 물론 에도 시대에도 그 존재는 확인되지 않았다.

다이라노 사다훈(平貞文)에 대해

905년, 《고금와카집(古今和歌集)》이 기노 쓰라유키(紀貫之)를 비롯한 네 명의 찬자(撰者)에 의해 편찬될 무렵, 사다훈(貞文)은 가인으로 활약해 그 이름이 잘 알려져 있었다. 이른바 6가선(六歌仙)207) 시대가 지나 마침내 와카가 융성기를 맞이하는 시기다.

사다훈이 세상을 떠난 것은 923년 음력 9월 27일로, 태어난 시기는 명확하지 않다. 《일본 삼대 실록(日本三代実録)》208)에 따르면 874년 11월 21일, 사다훈은 아버지 다이라노 요시카제(平好風)와 함께 다이라 성(平姓)을 하사받아 신적(臣籍)으로 내려간다. 그것을 상소한 것이 조부 시게요 왕(茂世王)209)이며, 시게요 왕은 나카노 친왕(仲野親王)의 아들이고 나카노 친왕은 간무 천황(桓武天皇)의 황자다.

즉, 사다훈은 적어도 874년 이전에 태어나, 세상을 떠

---

207) 6가선(六歌仙, 롯카센)은 《고금와카집》의 서문에 언급된 헤이안 초기 여섯 명의 가인, 곧 아리와라노 나리히라(在原業平), 승정 헨조(僧正遍昭), 기센 법사(喜撰法師), 오토모노 구로누시(大伴黒主), 훈야노 야스히데(文屋康秀), 오노노 고마치(小野小町)를 가리킨다.

208) 《일본 삼대 실록(日本三代実録)》은 헤이안 시대 901년에 편찬된 역사서다. 세이와(淸和), 요제이(陽成), 고코(光孝) 3대 천황의 시대 약 30년의 기사를 편년체로 엮은 사서다.

209) 여기서 왕(王)은 적출이 아닌 황족 남자를 가리킨다. 적출의 경우는 친왕(親王)이라 부른다. 일본어로는 오'(おう)'라고 읽는다.

난 것은 50세 또는 그 이후였을 것으로 추정된다. 간무 천황 대로부터 계산하면 5대째로, 다시 말해 황족의 계보를 잇는 귀공자였다. 그 점은 간무(桓武)-헤이제이(平城)-아보 친왕(阿保親王)의 계보를 잇는 아리와라노 나리히라(在原業平)와 매우 닮았다. 그러나 관인으로서 사다훈은 나리히라와 마찬가지로, 아니 그 이상으로 계급이 낮았다. 《고금와카집 목록(古今和歌集目錄)》 등에 따르면 처음 우사인(右舍人, 우도네리)에 임명된 것이 891년, 종5위하(從5位下)를 하사받은 것이 906년이며, 사망 시에는 종5위상(從5位上) 좌병위좌(左兵衛佐)였다. 《헤이추 모노가타리》 제1단에서도 다루고 있는데, 《고금와카집》 18권 '고달픈 세상(憂き世には)'이라는 와카의 고토바가키(詞書)210)에 '면직당했을 때 읊다(つかさとけて侍りける時詠める)'처럼 기술하고 있는 것을 보면 행실에 문제가 있어서인지, 임기 도중에 관직을 박탈당한 사건도 있었던 것으로 보인다. 왜 승진이 더뎠는지 이해할 수 있는 부분이다.

소심하고 사람 좋은 사다훈은 어차피 관료로서 입신출

---

210) 고토바가키(詞書)란 와카에서 그 노래를 읊은 동기, 주제, 날짜, 장소, 배경 등을 적은 머리말 같은 지문을 가리킨다.

세할 수 있는 성격이 아니었다. 모노가타리 안에서 몇 차례 드러나는 것처럼, 왠지 부모를 어려워하고 구속당하는 심정을 여자에게 하소연하는 모성애에 호소하는 남자, 그런 보호 아래에서라야 살아갈 수 있는 남자였다. 다양한 형태의 이야기가 전해지는 여자와의 관계에서도 오직 한 사람에게만 몰두하거나 외골수적인 정열을 불태우는 연애담은 확인되지 않는다. 상대가 정취를 이해하지 못하기 때문에, 또는 젠체하기 때문에, 심하게 사람을 어려워하기 때문에, 그 외 다양한 이유를 근거로 관계를 서둘러 끝내고 있다. 모노가타리 안에 '그만두었다(やみにけり)'라는 결말이 여러 단에서 발견된다. 연애의 정서에 조금이라도 방해되는 것이 있으면 더 이상 미련을 두지 않는다. 현대풍으로 말하자면 자기 기분을 중시하는 사람으로, 그것은 결코 강한 남성의 표상은 아니다. 정열적인 나리히라와는 다른 성격의 호색가, 즉 '스키모노(好き者)'의 전형이라고 할 수 있겠다. 후대에 이르러 나리히라와 쌍벽을 이루는 남자라고 칭하지만, 전혀 다른 타입의 남자로 묘사되고 있는 원인의 대부분은 아마 거기에서 찾을 수 있을 것 같다.

사다훈은 한자로 '貞文'이라고 쓰기도 하고 '定文'이라고 쓰기도 한다. 《고금와카집》 등에는 'さたふん'[211]이라

고 쓰여 있는데, '사다(さた)'는 '貞'와 '定' 두 가지 의미로 사용되지만, 실제로 어느 쪽이 올바른 표기인지는 확실하지 않다. 소네노 요시타다(曾禰好忠)가 《십권본 우타아와세(十卷本歌合)》212)에 요시타다(善忠)로 쓰여 있는 것과 같은 맥락이다. 또한 '헤이추'도 마찬가지다. '平中'인지 '平仲'인지 알 수 없다. 《본조 서적 목록(本朝書籍目錄)》이나 《존비문맥(尊卑文脈, 손피분먀쿠)》 등에는 '平中'가 사용되고 있으며, 《칙찬 작자 부류(勅撰作者部類)》213)나 《야마토 모노가타리집》 등에는 '平仲'라고 쓰여 있다. 가세이도 문고장본(靜嘉堂文庫藏本)도 제첨(題簽)은 "平仲物語"였다. 게다가 '平中'의 유래도 밝혀졌다고 보기 어렵다. 나리히라(業平)는 자이고(在五) 혹은 자이추(在中)라고 불렸는데, 성은 아리와라(在原)이고 아보 친왕(阿保親

---

211) 당시에는 아직 탁음이 사용되지 않았다. 탁음을 나타내는 기호(˚)가 보이지 않아 현대 가나 사용법에 준해 청음과 탁음을 구분해 읽는다.

212) 《10권본 우타아와세(十卷本歌合)》는 헤이안 시대 중기에 편찬된 일본 최초의 우타아와세 집성본을 말한다.

213) 《칙찬 작자 부류(勅撰作者部類)》는 《고금와카집》 이래 21대 칙찬 와카집에 노래가 수록된 작자의 계보, 관위, 몰년, 각 가집 수록 노래 수 등을 기록한 책을 말한다.

王)의 다섯째 아들로 우근위중장(右近衛権中将)이었기 때문이다. 야다이니(野大弐)라고 불린 것은 오노노 요시후루(小野好古)인데, 대재대이(太宰大弐)로 몇 차례 임관되었다. 부쓰메이카(物名歌)로 유명한 도로쿠(藤六)는 후지와라노 스케미(藤原輔相)를 가리키며, 혁신 와카의 선구자 소네노 요시타다(曾禰好忠)는 오랫동안 단고연(丹後掾)으로 근무해 소탄(曾丹)이라고 불렸다. 마찬가지로 헤이추의 '헤이(平)'는 성이며, '추(中)'는 관위 또는 출생 순서를 가리킬 가능성이 높다. 《십훈초(十訓抄)》 1권에 보면 '헤이추라고 불리는 것은 중장(中将)이어서가 아니다. 형제 세 명이 있는데 가운데에 해당하기 때문이다(平中といふは中将にはあらず、兄弟三人ありける、中にあたるゆゑ也)'라고 쓰여 있으며, 《유종명물고(類従名物考, 루이주메이부쓰코)》 49권에서는 더 나아가 '백중숙계[214]라 해서 서토에도 이 규정이 있다(伯仲叔季とて西土にもこの定めなり)'고 언급하며 차남설의 논거를 제시하고 있다. 실제로 사다훈은 중장(中将)이 아니었다. 앞에서 언급한 것처럼 사다훈의 최고 관위는 종5위상(従5位上) 좌병

---

[214] 백중숙계(伯仲叔季)는 형제를 위에서부터 순서에 따라 부르는 호칭이다.

위좌(左兵衛佐)이며, 중장(中将)이 되었다는 기록은 어디에도 없다. 무엇보다 가와세 가즈마(川瀬一馬) 박사가 지적하는 것처럼 가선본(歌仙本, 카센본) 《미쓰네집(躬恒集)》에는 '헤이 중장의 집 우타아와세에 첫봄(平中将の家の歌合に初め春)'이라는 고토바가키가 있지만, 그것은 유종본(類従本, 루이주본)이나 니시혼간사본(西本願寺本, 니시혼간지본) 《미쓰네집》에는 보이지 않아 그다지 신뢰할 수 있는 자료라고는 할 수 없다. '헤이추라고 불리는 것은 중장이어서가 아니다(平中といふは中将にはあらず)'라고 한 《십훈초》의 설은 그 점에서 온당하다고 할 수 있다. 한편, 《고금와카집 목록(古今和歌集目録)》에 '요시카제의 장남(好風一男)'이라고 적혀 있는 것을 보면 오히려 장남이었을 가능성이 높다. 앞에서 언급한 《일본 3대 실록》의 기록에서도 신적(臣籍)으로 강등되어 다이라 성을 하사받은 것은 아버지 요시카제(好風)와 사다훈뿐이다. 만약 사다훈이 차남이었다면 무슨 연유로 장남이 보이지 않는 것일까? 그런가 하면 《존비문맥(尊卑文脈)》 등의 계도(系圖)에서 사다훈은 독자 취급을 받고 있다. 형제가 없었을 가능성도 있다는 이야기다.

　　호칭의 근거가 관위도 아니고 출생순도 아니라면 도대체 헤이추의 '추(中, 仲)'는 어떤 의미를 담고 있는 것일까?

《야마토 모노가타리초(大和物語抄)》의 '다이라노 사다훈의 별명 추(仲)는 헤이추(平仲)에 유래한다(平貞文、字仲、因号平仲)'는 기록처럼 '추(仲)'를 별명으로 보는 시각도 있지만, 근거 부족으로 수긍하기 어려운 측면이 있다. 한편, 사다훈은 나카노 친왕(仲野親王)계 다이라씨(平氏)의 적통(嫡統)이었기 때문에 어떤 의미에서 보면 나카노 친왕(仲野親王)의 '나카(仲)'와 관계가 있을 것으로 추정하는 견해가 메카다 사쿠오(目加田さくを)에 의해 제출되었다. 그 외, 하기타니 보쿠 씨는 사다훈의 아버지 요시카제가 중장(中將)이었기 때문에 부자간 혼동을 빚어 세간에서 '헤이추(平中)'라고 불린 것이라는 설을 주장했다. 다만, 이러한 설들은 모두 추측의 범주를 벗어나지 않는다. '平中'인지 '平仲'인지는 결국 자료 부재로 명확히 밝혀지지 않았다.

《고금와카집》에 사다훈의 와카는 9수가 채록되었다. 관인으로서는 실격이었던 사다훈이지만 가인으로서는 충분히 인정받고 있었음을 알 수 있다. 《고금와카집》은 와카가 비약적으로 발전하는 계기를 마련했다. 하지만 이미 널리 행해지고 있던 우타아와세(歌合)의 융성이 와카 발전의 모태가 된 것은 두말할 필요도 없다. 우타아와세는 주로 다이리(內裏)[215], 인(院)[216], 후궁(後宮)[217] 등에서 행해졌는데, 사다훈은 그런 우타아와세에도 참가하고, 또한 스스로 우타아와세를 주최하기도 했다. 905년과 906년에 행해진 '사다훈 우타아와세(定文歌合)'가 그것이다. 905년에 행해진 우타아와세는 일종의 센카 아와세(撰歌合)[218]와 같은 것으로 전 무네다카 친왕 필(伝宗尊親王筆) 《십권본 우타아와세(十卷本歌合)》에 수록되어 있는데, 기노 쓰라유키(貫之), 오시코치노 미쓰네(凡河内躬恒), 미부노 다다미네(壬生忠嶺), 아리와라노 모토가타(在原元方), 사카노우에노 고레노리(坂上是則) 등의 노래와 함께 올라 있다.

사다훈의 노래는 《후찬와카집(後撰和歌集)》에 6수, 《습유와카집(拾遺和歌集)》에 5수가 각각 수록되어 있다. 그 외, 사다훈 관련 가집에 《이세집(伊勢集)》이 있다. 헤

---

215) 다이리(内裏)는 천황이 정사를 맡거나 기거하는 시신덴(紫宸殿), 세이료덴(清涼殿)이 있는 내궁궐 전체를 가리킨다. 외궁궐은 다이다이리(大内裏)라고 한다.
216) 인(院)은 여기서는 천황 자리를 양위한 상황의 거처를 가리킨다.
217) 후궁(後宮)은 중궁(中宮) 등, 천황의 부인들과 여관들의 거처를 가리킨다. 기본적으로 다이리 안에 자리한다.
218) 센카 아와세(撰歌合)란 우타아와세의 일종으로 좌우 두 편으로 나뉘어 고금의 수가를 골라 서로 견주어 우열을 가리는 놀이를 말한다.

이추 설화에서는 '보았소(見つ)' 문답의 상대방 여자가 '혼인의 지주(本院侍従)'라고 되어 있지만, 실제로는 이세노고(伊勢の御)였다. 헤이추가 희화화되기 이전의 유사 형태로 《헤이추 모노가타리》와 《이세집》에 실려 있다. 《헤이추 모노가타리》에서는 남자를 중심으로 《이세집》에서는 여자를 중심으로 사건이 전개되고 있어 흥미롭다. 증답가가 일치한다고는 할 수 없으며, 양자의 성립은 서로 직접적인 관련이 없던 것으로 추측된다.

《헤이추 모노가타리》 노래의 특성

헤이추는 지위가 낮았지만, 가인으로서는 높이 평가받을 만한 발자취를 남기고 있다. 앞에서 언급한 것처럼 그가 장년기일 때 편찬된 《고금와카집》에는 9수가 수록되었고, 현존 자료에 따르면 자신의 저택에서 세 번의 우타아와세를 주최하고 있다. 우타아와세가 성행하기 시작한 무렵에 열린 이 우타아와세는 시대를 앞서가는 기풍을 지니고 있었을 것이다. 그중에서 905년 4월 《고금와카집》 찬진(撰進)의 칙명이 내린 해의 우타아와세는 기노 쓰라유키, 미부노 다다미네, 오시코치노 미쓰네, 사카노우에노 고레노리, 아리와라노 모토가타 등 당대 최고의 가인들이 수가(秀歌)를 선정해 적당한 자리에 배치하는 전문적인 행사였을 것으로 파악된다. 또한 당시의 우타아와세는 구(句)의 제목에 따라 영가(詠歌)를 선정하는 새로운 방법을 도입하고 있다.

　헤이추의 와카가 《고금와카집》에 9수나 실린 것은 기노 쓰라유키 등의 편자를 비롯한 동시대 사람들의 높은 평가를 입증하는 사실인데, 그 와카들에서는 의미와 비유, 엔고, 가케코토바 등의 수사법이 적절히 조화를 이루고 있으며 리듬이 정돈되어 있고 감정을 고조해서 전하는 능력이 확인된다. 그런데 《헤이추 모노가타리》 속 와카는 양상이 상당히 다르다. 장소에 임해서 즉흥적으로 읊은 노래가 대부분이라고 할 수 있다. 예를 들어 29단의 '빛에다 빛을 곁들이지 않으면 달이나 해를 나열하는 비유가 성립하지 않겠죠(光にし 光そはずは 月も日も ならぶたとひに いはずぞあらまし)'처럼 상황에 응해서 순간적으로 떠올린 비유가 모노가타리의 내용과 다소 어울리지 않거나, 21단의 '지나는 길에 당신이 들르시면 정원 잡초에 섞여 핀 국화꽃도 향기를 더하겠죠(たまぼこに 君し来寄らば 浅茅生に まじれる菊の 香はまさりなむ)'처럼 마쿠라코토바의 사용법이 자의적이거나, 15단의 '그대 사모해 나야

말로 가슴은 고가라시의 숲처럼 애가 달아 그림자로 야위오(君恋ふと われこそ胸は こがらしの 森ともわぶれ 影となりつつ)'처럼 말하고 싶은 것이 많아 퇴고(推敲)가 부족해 안정감이 없거나, 18단의 '쓸어서 버릴 마당의 쓰레기로 쌓여 있겠죠 읽어 주는 이 없는 내가 보낸 글들은(はき捨つる庭の屑とやつもるらむ見る人もなきわが言の葉は)'처럼, 한 수의 와카로 따로 떼어 놓고 보면 이해하기 어려워 칙찬 와카집(勅撰和歌集)에 어울리지 않는 노래가 많다고 할 수 있다.

그러나 와카가 만들어진 사정을 자세히 알고 남녀가 주고받는 말로 해석하면 그것들은 비길 데 없이 흥미롭다. 돌출되거나, 약간 모자란 비유와 다소 우아함을 결여한 용어, 위아래가 잘 안 맞는 것도 그 행간을 메워 가면 남녀의 다양한 밀당의 양상이 드러난다. 그러면 남자와 여자에게서 뜻밖의 어두운 면이나 변화의 기분을 읽어 낼 수 있다. 그것은 의외로 우리에게도 친숙한 상황이 많다. 번역이나 주석은 독자를 위해 그 점에 특히 주의해야 하는데, 그야말로 난해한 경우가 많다.

모노가타리의 작자도 그것을 충분히 이해하고 의도하고 있었을 것이다. 연애를 통해 남녀가 주고받는 와카를 읊는 상황을 자세히 복원하려고 하고 있다. 다르게 표현

하면 이 모노가타리의 문장은 그만큼 개별적이고, 게다가 시간의 경과가 얽힌 복잡한 사정 속에서도《헤이추 모노가타리》는 그런 복잡한 상황 자체를 사랑의 언어로 살려낼 수 있다는 사실을 서술하려고 하고 있다. 그 부분이 《고금와카집》 와카와의 차이점이라고 할 수 있다. 《헤이추 모노가타리》 노래야말로 '호색가 사이에 몸을 숨겨(色好みの家に埋れ木の)'라고 불린 노래에 걸맞은 와카가 아닐까? 이 모노가타리를 읽고 작품의 독특한 성격을 한마디로 표현하라고 하면 바로 '일상적'이라는 말이 떠오를 것이다. '사적'이라는 말로 표현할 수도 있겠지만, '공'에 대해 '사'로 한정되는 것 이상으로, 문학적이고 극적이고, 구성적인 것에 대치하는 성격을 나타내기 위해 '일상적'이라는 말을 사용할 수 있다. 예를 들어 작은 오해, 작은 착오(엇갈림), 작은 악이 누적된 것, 잘 다듬어지지 않은 것, 강약이 없는 것, 일상적이라고 하는 것은 그런 것이 아닐까? 그런 일상적인 장소에서도 노래가 태어난다는 증거가 이 모노가타리에 각인되어 있다. 그것은 아주 사소한 기회를 포착해 여자에게 말을 건네는 남자의 능력이며, 여자의 말꼬리를 잡아 연이어 말을 건네는 능력이다. 모노가타리 안에 몇 차례 나타나는 '못 본 체 조용히 지나치지 못하고(なほしも見で, 7단), '그냥 가만히 있을 수 없어(え忍

ばで, 29단)', '그냥 조용히 지나치지 못하고(ただにも過ぎで, 36단)' 여자에게 접근하는 능력이며, 그것은 헤이추의 경우 노래를 읊을 수 있다는 것이었다. 25단에는 이 남자를 혐오하는 여자가 등장하는데, 과거에 연인이었지만 버림받은 여자가 여행 중에 헤이추를 알게 되어 교토에서 다시 만날 것을 기대하는 동료에게 '그 남자는 항상 그런 수법을 사용하지요'라고 험담을 하는 것은 호색가를 이해하지 못하는 극히 당연한 비판이며, 당시에는 상식으로서 지지를 얻은 것으로 보인다.

이처럼 《헤이추 모노가타리》의 작자는 이렇다 할 큰일이 일어나지 않는 자질구레한 일상성 안에서 여자에게 말을 거는 수단으로서 노래가 어떤 식으로 생겨나는지를 써서 남기려 했다. 그 때문에 남녀를 둘러싼 배경이나 잇달아 일어나는 사건, 갖가지 인간관계를 꼼꼼하게 써 내려간 것이다. 그러나 그것은 결코 장면을 묘사한 것은 아니다. 묘사라고 하는 표현법이 발견되지 않은 것이 아니라 이 모노가타리에서는 그것이 불필요한 것이다. 장면 설정도 처음부터 의도한 것이 아니다. 그래서 모노가타리 문장의 연결 방법으로서 구두점을 찍어 장면 전환을 꾀하기보다 뭔가 말은 조금 부족하지만, 주위의 상황을 소재로 시점을 남녀 번갈아 가며 서술하고 설명하는 방식을 취하고 있다.

옮긴이에 대해

민병훈은 일본의 센슈대학(專修大学)을 졸업하고 동대학원 문학연구과에 입학해 《이세 모노가타리》를 중심으로 하는 우타 모노가타리 연구로 석사 학위와 박사 학위(2001)를 취득했다(문부성 국비 장학생). 박사 과정 중에 집필한 논문 〈《伊勢物語》六段の〈あくたがはといふ河〉考－地史的視点から－〉가 《国語と国文学》에 게재되었다. 귀국 후 2002년 9월 대전대학교 일어일문학과의 전임강사로 임용되어 현재 비즈니스일본어학과 교수로 재직 중이다. 저서에 《歌物語の淵源と享受》, 《わかる日本文化》(공저, 외국어 고등학교 국정교과서), 《出雲文化圈と東アジア》(공저), 《한 권으로 읽는 일본 문학사》, 《일본어 독해와 작문 I, II》(공저, 외국어 고등학교 인정 교과서) 등이 있고 역서로 《이세 모노가타리》, 《다케토리 이야기》, 《야마토 모노가타리》, 《일본 신화 이야기》 등이 있으며, 최근의 논문에 〈다자이후와 탕치의 고장 쓰쿠시(筑紫)－나라, 헤이안 문학을 중심으로－〉, 〈《大和物語》の構造と叙述上の特色〉, 〈《大和物語》126段〈零落した筑紫

の桧垣〉攷〉, 〈《이세 모노가타리(伊勢物語)》 아즈마쿠다리(東下り) 관련 단에 수용된 야치호코(八千矛) 신화〉, 〈헤이안 문학에 보이는 여성의 이동 양상과 원형〉, 〈《이세 모노가타리》에서 《야마토 모노가타리》로 – 남녀관계를 통해서 본 화형(話型)의 양상 – 〉 등이 있다.

헤이추 모노가타리

작자 미상
옮긴이 민병훈
펴낸이 박영률

초판 1쇄 펴낸날 2025년 1월 10일

커뮤니케이션북스
출판등록 제313-2007-000166호(2007년 8월 17일)
02880 서울시 성북구 성북로 5-11
전화 (02) 7474 001, 팩스 (02) 736 5047
commbooks@commbooks.com
www.commbooks.com

ⓒ 민병훈, 2025

지식을만드는지식은 커뮤니케이션북스(주)의
고전 출판 브랜드입니다.
이 책은 저작권자와 계약하여 발행했으므로, 본사의 서면 허락 없이는
어떠한 형태나 수단으로도 이 책의 내용을 이용할 수 없습니다.

ISBN 979-11-7307-425-7 03830

책값은 뒤표지에 있습니다.